欧米の歴史・文化・思想

Western History, Culture, and Thought

布施将夫［著］

晃洋書房

まえがき

歴史学関係の講義を大学で始める際、「中学や高校で世界史を勉強したことがないのですが、受講しても大丈夫ですか？」と時々尋ねられる。そういう時、私はいつも「大丈夫ですよ。以前もそういう学生さんが受講して、無事に単位を取られましたから」と答える。このような即物的な理由だけでなく、ものごとの因果関係を理解して把握する方法を磨く糧としても歴史を勉強して欲しいと考えているから、私はいつも「大丈夫」と答えている。

確かに世界史には事件が起こった年代など、丸暗記のイメージがつきまとう。たとえば、古代ローマ帝国におけるキリスト教受容の場合、三一三年のミラノ勅令、三二五年のニケーア公会議、三九二年のキリスト教国教化などがあげられる。しかもこの直後に、三九五年のローマ帝国の東西分裂、四七六年の西ローマ帝国の滅亡、といったようにローマ帝国の衰退が続くのだ。この時点でいささかうんざりする諸君もいるかもしれない。

しかしこれらの年代を巨視的に捉えればどうであろうか。時代が下るにつれてローマにおけるキリスト教の受容は進んでいくが、ローマ帝国自体は同時進行的に衰退していくのである。古代当時にもこの状況に因果関係を見出した人々がいて、新興宗教のキリスト教を認めたばかりに帝国が滅んでいくのだという非難が出てきた。そこで、こうした非難に対抗するためキリスト教護教の言論が必要となり、教父アウグスティヌスのような思想家が現われたのである。歴史が原因となり、結果として思想が生まれた一例と言える。

もうこの辺りで具体的な内容に踏み込むのは止めておこう。以上のように本書は、おおむね中世から現代初頭までの欧米の歴史を、その文化や思想とからめて論じたものである。その内容は、私が鹿児島で過ごした中学・高校時代、大阪で耐え忍んだ浪人時代、京都で過ごした大学・大学院・ポスドク時代に、獲得できた歴史に関する知識を総決算したものである。いや、そればかりではない。私が各地の大学で講義させていただいた時に得られた学生のさまざまな反応も本書に盛り込むことができた。記して謝意を表したい。

このように私の半生を詰め込んだといっても過言ではない本書の目的は、次のとおりである。二〇二一年現在、世界はまだコロナ禍の渦中にあり、国境を越えて盛んに交流していたヒト・モノ・情報のうち、少なくともヒトの国際的な交流は、途絶している状態である。各国は門戸を厳しく制限し、今世紀初頭以来のグローバル化傾向が、一見縮小しているようだ。しかし、いつなんどき、国際経済や貿易などを主としたグローバル化が再開するかわからない。そこで、今のうちにせめて知識面だけでも、欧米の歴史に関して勉強しておこうではないか。このような未来志向の勉学に本書は資したいものである。

なお、現在の私の専門研究領域は、おおよそ十九世紀後半の南北戦争から二十世紀初頭の第一次世界大戦までのアメリカ合衆国を中心とした欧米圏の近現代史である。主著としては、『補給戦と合衆国』松籟社、二〇一四年や『近代世界における広義の軍事史――米欧日の教育・交流・政治――』晃洋書房、二〇二〇年などがあげられる。その章立ては、巻末の文献案内を参照されたい。

本書の構成は以下のとおり。第Ⅰ部のヨーロッパの歴史と思想の場合、古い時代から新しい時代へ時代を下りつつ、歴史を説明し、それに合わせて当時の思想を解説する。第Ⅱ部の欧米の歴史・文化の場合、まずアメリカ史の通史的な概観に集中し、それを踏まえた上で、欧米の歴史の分析に移る。では、本論に入ろう。

目次

第Ⅱ部　欧米の歴史・文化

第Ⅰ部

ヨーロッパの歴史と思想

第一講

はじめに――古代ギリシア思想から

「まえがき」で述べたように本書は中世以降に焦点を当てるとは言え、「ヨーロッパの歴史と思想」を勉強していくには、古代をまったく無視するわけにはいかない。とりわけ思想面では、複数の大思想家が輩出した古代ギリシアから検討しておくべきだろう。

本講では、ヨーロッパの各種思想が二元論的である源と考えられる古代ギリシアの思想をごく簡単に概観していく。本講序盤で登場するソクラテスの弟子がプラトン、中盤で扱うプラトンの弟子が終盤のアリストテレスであったことは思い出して欲しい。

ソクラテスの頃まで活躍したソフィストたちは、「人間は万物の尺度である」というプロタゴラスの言のように、人の理性を重んじ、合理主義的な精神をもっていた。しかし、自然と人為（法律、習慣）の対概念もち、前者で後者を相対化し、批判していくことになる。その結果彼らは、極端な相対主義や利己主義、「詭弁」（sophism）に陥り、都市国家ポリスの秩序を緩めることになった。ここが、ソクラテ

＊プラトン（BC四二七―三四七年）
彼のイデア論は『パイドン――魂の不死について』や『饗宴』などでも登場する。『パイドン』の設定はソクラテスが毒を仰ぐ直前とされ、感動的名作だが、イデア論の根拠までは示されていない。『饗宴』の原題シュンポシオンは、後世のシンポジウムの語源になった。

スやプラトンらによる糾弾の対象になる。

ソフィストを批判したソクラテスの判断によると、自然哲学だけでは自然の究極目的を説明できない。ゆえに彼は人間に問題関心を移し、人間のなかの真なる知、究極的な知を求めて問答や対話（dialektikē, dialogue）を繰り返した。彼はデルフォイの神託で「知者」とされたが、自分が何も知らないことを知っている「不知の自覚」をしていたことも、問答の繰り返しに寄与したとされる。ただ、問答の過程で人々の恨みを買い、死刑判決を受けた彼は、逃亡の機会があったにもかかわらず、ポリスへの遵法精神で堂々と服毒自殺した。

次にプラトン＊を取り上げよう。ポリスの荒廃とソクラテスの死去に直面したプラトンは、現実の政治家になる志を諦め、哲学にむかった。彼の著作としては、初期の『ソクラテスの弁明』や中期の『国家』、後期の『政治家』などがあげられる。なお、彼の著作はほとんど、ソクラテスら複数の登場人物による対話篇というスタイルを採用している。

哲学者プラトンによると、人間のもつ知識には二種類あるとされ、臆見（ドクサ）と真知（エピステーメー）に区別された。臆見は相対的な知識だが、真知は、「生成や消滅によりまどわされない真の実在」（イデア）についての知識だとされる。そしてこの「真の実在」イデア（Idee, idea）は、イデア界にのみ存在すると熱心に説かれた（たとえば机のイデア）。したがって、哲学と政治の関連でいえば、この真の知により政治学が行われ、政治と哲学が合体することにプラトンは期待した。つまり彼の描き出す国家は、イデアの世界にたてられた絶対的な理想国家であって、現実の国家の参照基準であったのである。

プラトンの理想国家像を概観しよう。人間が国家を必要とするのは、それなしでは人間の必要を満たせないからだと捉えた彼は、国のなかの各人の分業を通じてはじめて、各人の生活必需品が調達されると考える。よって分業の回転、つまり各人が個々の能力や徳を最大限に発揮しつつ、全体として調和が維持されれば、国家は発展すると結論付けられた。試みに、彼の区分を表示しておく。

国家を構成する3階級	人間の魂の3区分	魂の各部が対応する徳
統治者階級	理性的部分	知恵
戦士階級	気概的部分	勇気
生産者階級	欲望的部分	節制

（ある種の差別観に基づく専門別の分業体制だが、世襲制ではなく、能力に基づく。）

こうした理想国家を可能にするのが、有名な哲人王（the philosopher-king）の支配だとされた。なお、哲人王の候補たちは三〇歳台前半に問答法で教育され、「善のイデア」に到達することが育成目標とされている（文字通りの哲学と政治の合体）。ただプラトンは、戦士階級以上における財産の共有制など、哲人王の下の共産主義的制度をも構想していた。

とはいえ、国政とは堕落しうるものである。プラトンが想定し、現代人には意外に思える国家の堕落過程とその支配形態を順番に確認しよう。彼にとっての国政の理想はもちろん、最優秀者の支配する貴族政・王政であった。次に、統治者階級に戦士が混入する名誉政が、三番目に、富裕階級の支配で一般大衆が貧困化する寡頭政があげられる。そして四番目に、貧者が富者を打倒するが、重視される自由はただの放縦で、欲望の野放しの解放になる民主政（dēmokratia, democracy）があげられる。最低のものとしては、大衆の不満を利用した専制支配である僭主政が来るのだが。こうした国家の堕落過程は、国民の魂の堕落過程とも一致するとされた。民主政の評価の低さに現代人は驚かれることだろう。

しかしながら、理想的な哲人王の獲得が、不可能であることもプラトンは了解していた。よって、次善のものとして彼は、「法の支配」（成文法に従う政治）を許容する。ただし法に従った場合でも、支配者は少ない方が望ましく、王政・貴族政・民主政の順で劣っていくと考えられた。

本講終盤では、プラトンの弟子で、『ニコマコス倫理学』や『政治学』などの著作をもつアリストテレス*を検討しよう。アリストテレスは徐々に、理想（イデア）と現実を峻別する師プラトンの二元論を批判するようになった。

アリストテレスによると、理想（形相、イデア）は現実（質料）に内在し、現実の変化に応じ理想は実現されていくものだとされた。彼の考えは、「目的論的自然観」（Teleological view of nature）と要約されうる。現実の自然は、理想的な自然に発展していく目的や可能性をもっているとも換言できよう。そしてこの一元的な自然の世界は、各存在が含む目的の優劣によって秩序づけられ、ある種の階層秩序をなして

＊アリストテレス（BC三八四―三二二年）
彼は、プラトンが創設したアテネのアカデメイアで約二十年間学ぶ。その後、マケドニア王国の王子アレクサンドロス（のちの大王）の教育を担当したり、アテネ郊外に学園リュケイオンを開学したりした。

いるとされた。こうした自然を創り、治める「神」(「不動の動者」)のようなものもアリストテレスは想定している。

このような自然観をもつアリストテレスは「万学の祖」とされ、諸学を三つに分類したが、なかでも政治学の至高性を提唱した。確かに政治学は、対象となる政治制度などがきわめて流動的なので、真理でなくとも次善のものに満足せねばならない。ゆえに政治学は、学問的厳密さの点で、人間の意志から独立した理論学(数学や自然学、形而上学など)に劣る。しかし政治学は、実践学の一つとして人間が追求すべき「最高善」に関わるので、他の諸学の上に君臨すると考えられた(なお最高善についても彼は分類を重ねつつ検証するが、やや煩雑なので、ここでは詳述を避ける。「中庸の徳」に近いイメージである)。

このように政治学を高く評価したアリストテレスは、それなしには人間生活や自足、最高善を営めないポリスも、至高の共同体と見なした。人間まで、生まれながらの「政治的動物」(zoōn politikon)と見なしたほどである。ただしポリスは、本質的に異なった要素の複合体なので、プラトンが構想した財産や家族の共有制にアリストテレスは反対していた。

ではポリス、つまり都市「国家」はどのような制度をとるべきか。アリストテレスは次のように国制を六つに区分する。共通の利益のための支配としては王政、貴族政、ポリテイア(共和政)が、為政者が自己利益のために支配するそれらの堕落形態としては僭主政、寡頭政、民主政があげられる。また彼は、人間の情念から自由な「法の支配」を擁護し、権力の腐敗を防ぐという理由で多数者支配をよしと考えた。その結果、アリストテレスにとって、実現可能な最善の国制は、多様な国制の長所を集め、中産階級が多数派となる「混合国制」となった。どこか近代的な政治理念に相通ずるが、理想国家と言うにはプラトンより理想への飛翔が乏しく、優等生的解答であるようにも思われる。

古代ギリシア時代、イデアをめぐり、プラトンとアリストテレスの考えが対照的であったことは、その後も長くヨーロッパの思想界に引き継がれたように思われる。たとえば中世の普遍論争では、(神を含む)普遍がはたして実際に存在するか否かをめぐって、「実在論」と「唯名論」が長く対立した。近代でも、人間社会の実在を前提とする「社会契約説」の後に社会の存在を前提にしない「功利主義」が現れた。そして現代でも、マルクスの「唯物主義」とヴェーバーの「唯心主義」のような思想の対比が可能である。これらの思想の詳細は後述するが、ヨーロッパの思想の流れを大きく捉えると、二元論的特徴が常に認められよう。

本講の最後に、古代ローマ帝国におけるキリスト教の歴史を概観しておく。当初、ローマ帝国でキリスト教徒は迫害されていたが、三一三年のミラノ勅令でキリスト教は公認された。三二五年にコンスタンティヌス帝が主催したニケーア公会議では、(父と子と聖霊の)三位一体論のアタナシウス派が正統派になり、アリウス派が異端とされる。そして、三九二年にキリスト教はついに、テオドシウス帝によって帝国の国教とされた。しかし、その直後の三九五年にローマ帝国は東西に分裂し、四七六年には西ローマ帝国が滅亡することとなる。帝国の存亡にとってキリスト教が、悪影響を及ぼしたのではないかという疑いが生じたのである。それゆえ、中世初頭の教父アウグスティヌスは、キリスト教の護教を契機として独自の宗教思想を発展させた。彼の後、神は実在するか否かという中世「暗黒時代」の普遍論争が展開されることとなる。

参考文献

小笠原弘親・小野紀明・藤原保信『政治思想史』有斐閣（有斐閣Sシリーズ）、一九八七年、一〇―四二頁。

伊藤邦武・山内志朗・中島隆博・納富信留編『世界哲学史1――古代I 知恵から愛知へ』筑摩書房（ちくま新書）、二〇二〇年。一般に流布する「無知の知」という表現は誤りと指摘する。

第二講

中世前期——封建社会の成立と教会の権威

中世前期の検討に入る前に、ギリシアの都市国家やローマ帝国等における古代史の盛衰パターンを概観しておく。なお、「古代」や「中世」という時代区分は、現代的な恣意性に基づくものに過ぎない。現在からみれば「中世」のシャルトル大聖堂のステンドグラスにも、「我々モデルニ（新しき世代）は古代の巨人の肩にのった矮人に過ぎない」という像があり、「中世人」の自己認識が「現代人」的であったことがわかるからである。とはいえ、なんの時代区分もなければ歴史の流れをイメージしにくいかもしれない。そこで本書でも、古代や中世、近代といった時代区分の名称を援用したい。

前置きが長くなった。古代史のパターンは、次のようなものであったと考えられる。まず貴族の専制が続き、だんだん横暴になってくる。だがその間に商売が繁盛するので、平民が富裕化してくる。その平民が、戦時には軍の主力の重装歩兵として戦うので、政治的権利も求めて民主化が進行する。しかし、あまりにも戦争が反復されると負担が増えすぎ、平民が没落する。没落した平民に変わってゲルマン人などの傭兵を軍は主力として使いだすが、国に忠誠心の薄い彼ら傭兵が時に反乱を起こす。その結果、古代の国家や帝国は滅亡に至る。概ねこうしたパターンであったので、中世初頭ではゲルマン民族に注目しよう。

中世に西ヨーロッパ世界が成立した契機として、ゲルマン民族（the Germanic Race）の「大移動」があげられる（印欧語族の一つ、東欧はスラブ人、南欧はラテン人）。まるで、ビリヤード玉のように各集団が接触しあって移動していくように思える。まず、紀元四世紀後半に黒海北方のフン族が西へ移動し、東ゴート族が圧迫された。よって、征服されまいと慌てた西ゴート族は南下を始め、ローマ帝国内に進入し、西端のイベリア半島で建国した。*ゲルマン民族「大移動」の開始である。彼らと同時に他のゲルマン諸族も移動を開始する。その結果、中部ガリアにブルクント族が、北ガリアにフランク（the Franks）族が、ブリタニアに「アングロ・サクソン族（the Anglo-Saxon race）」が、そして北アフリカの旧カルタゴにはヴァンダル族が移動し、建国したのである。ちなみにヴァンダル族が通過したので、スペイン南部はアンダルシア地方と名付けられた。

その後、五世紀半ばにフン族（匈奴の末裔説もあるが民族系統不明）の王アッティラは、東ローマ帝国（ビザンツ帝国）内に進入した。しかしカタラウヌムの戦いで彼は敗北・死去し、フン国も崩壊する。ところがこの混乱の直後の四七六年に西ローマ帝国は、ゲルマン人の傭兵隊長オドアケルに滅ぼされた。ただ、彼の王国もテオドリックの東ゴート王国に滅ぼされる。めまぐるしいほどの勢力転換である。

*ゲルマン民族「大移動」
古代の歴史家の著作では、途方もない人数が移動したように記載されているが、現代の研究者はそうした数字を信用していない。近年の学説では、せいぜい数万人規模の移動だったとされる。

このような混乱のなかから、フランク王国が発展し、ローマ＝カトリック教会も成立していく。北ガリアのフランク諸部族を、メロヴィング（Merovingian family）家のクローヴィスが四八一年に統一した。三二五年のニケーアの公会議で異端とされたアリウス派から正統派のアタナシウス派に改宗したクローヴィスは、ローマ人勢力とも親密になっていたからだ。しかし八世紀にはメロヴィング朝も衰え、スペインから侵入したイスラム教徒軍を七三二年のトゥール・ポワティエ間の戦いで破ったのは、宮宰（家政の長）チャールズ・マルテルであった。その子小ピピンはローマ教皇の支持をえて、七五一年にカロリング朝（Carolingian dynasty）を創始する。小ピピンの子がカール一世で、彼は、教皇を脅かすロンバルド王国ほか諸部族を討伐し、フランク王国を強化すると共に、文化の復興運動（カロリング＝ルネサンス）にも着手した。その結果カールは、教皇レオ三世から、ローマ皇帝としての帝冠を八〇〇年に授けられる（八〇〇年のカールの戴冠、カール大帝に）。

なお、古代末期のローマ帝国では、五本山というキリスト教教会が重要になった。これらのなかでもローマの教会とコンスタンティノープルの教会が最も有力になる。ローマ教会は教皇グレゴリウス一世以来、ゲルマン民族にさかんに布教し、聖像も活用した。一方、東ローマ皇帝レオン三世（Leo III）は七二六年に聖像禁止令（a decree of forbidding icon worship）を出す。その結果、ローマとコンスタンティノープルの両教会は激しく対立した（ローマ＝カトリック教会とギリシア正教会の対立へ）。後者と違い、政治的な後ろ盾がなかったローマ教会は、有力な政治勢力を求めることになる。これも、カールの戴冠の背景になった。

では本講の中盤から、西ヨーロッパ封建社会の発展を検討する。まず、クローヴィス以来のフランク王国の分裂とヴァイキングの活動を概観しよう。フランク王国では、国土の広大さ等のため、領土紛争が頻発してきた。そこで、八四三年のヴェルダン条約（Treaty of Verdun）と八七〇年のメルセン条約（Treaty of Mersen）により、王国は東・西フランクとイタリアに三分割された（後の独仏伊の基礎となる）。後のドイツにあたる東フランク王国では、東方のマジャール人を討ち、教皇を助けたオットー一世（Otto I）が、九六二年に教皇から帝冠を授けられる。後の神聖ローマ帝国（Holy Roman Empire）の起源である。一方、後のフランスのあたる西フランク王国では、パリ伯のユーグ・カペーの即位により、九八七年にカペー朝が成立した。だがその王権は、イタリアにおいてと同様、弱体であった。

北欧出身のゲルマンの一族であるヴァイキング（ノルマン人）は、海賊行為で恐れられた。イングランドに注目すると、ヴァイキングはアングロ＝サクソンの七王国に侵入し始めた。ヴァイキングの一派のデーン人はアルフレッド大王に一時撃退されるが、彼らはその後も侵入しつづけ、結局成功する。その結果一〇六六年に、イングランドを征服したノルマンディー公ウィリアムが王位につき、ノルマン王朝が成立した（Norman Conquest）。

次に、封建社会の確立と教会の権威について考えよう。主従関係の重層性など、日本との違いに注意して欲しい。当時の封建社会とは、荘園制と主従関係を基礎とする社会である。イスラム勢力やノルマンの進出を恐れた西欧の人々が、現地の有力者に土地を託して保護を求めたからだ。その結果、有力者、つまり領主は多くの騎士を従え、諸侯として自立した（王権には不輸不入権で対抗）。封土と軍役の交換による主従関係が幾層にも成立していく。このような封建制度は、ローマの恩貸地制度と原始ゲルマンの従士制度が結合して発生したと言われる。一方、荘園の農民（農奴）は領主に対し、賦役（労働地代）や貢納（生産物地代）を納める義務をもった。移動の自由もなく、死亡税や結婚税も納めねばならず、教会に対してすら十分の一税があった（なお、教会への十分の一税はいまだに現存するところもある模様）。農法としては春耕地、秋耕地、休耕地からなる三圃制度（three-field system）が普及した。

一方、ローマ＝カトリック教会は王から土地の寄進をうけ、大土地所有者になっていく。土地や人民を支配するため、大司教から司祭まで聖職者の階層制まで発生した。だが世俗的な教会には聖職売買など弊害も頻発する。ゆえにその粛正運動が始まり、クリュニー修道院やフランチェスコ、ドミニコ修道会などが創設された。そして教皇グレゴリウス七世（Gregory VII）自身も、教会の弊害の排除と聖職任命権の独占を試みる。ここから、いわゆる「（聖職）叙任権闘争」が発生した。教皇グレゴリウス七世とドイツ王ハインリヒ四世（Henry IV. 後の神聖ローマ皇帝）が鋭く対立し、教皇に破門されたドイツ王はカノッサで教皇に謝罪することとなる。一〇七七年のカノッサ事件（the Humiliation of Canossa, カノッサの屈辱とも）である。歴史上有名なこの事件の次の世紀にも、世俗権力に対する教会権力の自立性が再確認され、一一二二年にウォルムスの協約が結ばれた。すなわち、十二世紀前後がローマ教皇権の絶頂期だったと言える。

では本講の終盤に東地中海世界を瞥見しておく。なお、ウォーラーシュテインの近代世界システム論によると、近代は一五〇一年頃から始まるので、近代直前まで古代からのビザンツ帝国（東ローマ帝国）は存続した。換言すると西欧の中世末まで、東欧では古代が残存したのである。コンスタンティノープル（旧名ビザンチウムをコンスタンティヌス大帝が改称）を首都とするビザンツ帝国の最盛期は、六世紀のユスティニアヌス帝の時代であった。彼は「ローマ法大全」を集成させ、セント＝ソフィア聖堂（円屋根とモザイク壁画を特色とするビザンツ式建築）を建設させた。しかし彼の死後、ビザンツ帝国の国力は衰え、屯田兵制や軍管区制が導入されたものの国力は回復せず、十字軍の助けも奏功せず（次講）、一四五三年にオスマン帝国に滅ぼされたのであった。

参考文献

南川高志『新・ローマ帝国衰亡史』岩波書店（岩波新書）、二〇一三年。
吉見俊也『大学とは何か』岩波書店（岩波新書）、二〇一一年、三二頁。この教皇と君主による叙任権闘争の狭間で、中世の自治都市は十二世紀頃から生成した。そうした都市の自由や権利を守るため法学が必要になった。法学で有名な大学の例としてはボローニャ大学がある。
S・ランシマン『コンスタンティノープル陥落す』護雅夫訳、みすず書房、一九九八年。オスマン（＝トルコ）帝国の大船団が、コンスタンティノープルの内海（金角湾）に陸上輸送されたことが決め手となり、同市は陥落した。オスマンのスルタンの督戦ぶりが印象的な本である。

第三講

中世後期——十字軍と封建的権威の衰退

本講の最初に、前講の簡単なまとめと中世の意義を確認しておく。世俗的な世界、つまり俗界では、フランク王国のカール一世や「神聖ローマ帝国」のオットー一世が諸部族を討伐し、安全保障（a guarantee of military security）を確保した。彼らの貢献に対して聖職者の世界、つまり聖界では、ローマ教皇が帝冠を授けて権威を付与（give authority）した。したがって、俗界と聖界の間で相互依存関係（互酬）が成立したのである。俗界の少し下層に属す領主と騎士は、土地と軍役の等価交換でやや複雑な主従関係を結んだ。こうした互酬の例外として、有名なカノッサ事件があげられる。聖職叙任権をめぐり、聖界と俗界が対立したからである。その結果、聖界が一時的に優位になり、後述の十字軍の背景となった。

本講の序盤に、十字軍の経過とその影響、および都市の発展を検討しよう。キリスト教徒側とイスラム教徒（ムスリム）間の大戦争である十字軍の直接の原因としては、次の状況があげられる。十一世紀半ばから興隆してきたイスラム圏のセルジューク＝トルコが小アジアに進出してきたので、ビザンツ（東ローマ）皇帝がローマ教皇や西欧諸国に救援を要請した。そこで教皇ウルバヌス二世（Urban II）が、一〇九五年のクレルモン公会議（the Council of Clermont）で聖戦の開始を決議する。翌年以降、数回にわたる十字軍（the crusaders）が西欧キリスト教各国の軍隊で編成され、聖地イェルサレムの奪還へ向かった。初回の十字軍はイェルサレム王国を建国し、第四回十字軍はコンスタンティノープルを占領してラテン帝国を建国して成功する。また、第三回十字軍でのイギリス王リチャード獅子心王（Richard, the lion-hearted）とアイユーブ朝エジプトのサラディン（Salah al-Din, Saladin）の対決は非常に有名になった。しかしながら、キリスト教徒側の十字軍全体の戦略は、失敗しがちであった。聖地の奪還は以後ままならず、国王自身を含む被害が続出したからである。

その結果、第四回十字軍が活躍した十三世紀に教皇権力（例：インノケンティウス三世）は絶頂に達したが、その後の失敗続きと国王ら（kings）の活躍で教皇権はゆらぎ始めた。なお戦時中、聖地巡礼者を武装防衛する宗教騎士団も成立する。ドイツ騎士団の東方植民がその例としてあげられる。また、当時の軍隊輸送で急速に発達したイタリアの海港都市は、東方貿易も伸ばした。同時に西方のイベリア半島では、キリスト教徒によるムスリムからの国土回復運動（Reconquista, レコンキスタ）も進行していく。

このような宗教的、政治的状況のなか、さまざまな中世都市が成立した。戦乱の多い中世でも、自給自足の荘園農業のかたわら、余剰生産物を交換する定期市や貨幣による交換経済が進む。そのため、十一―十二世紀頃に商業が復活（Revival of commerce）した。余剰産物を交換する定期市が発展したものとして都市が各地に成立していく。都市の種類としては次のようなものがあげられる。イタリアの海港都市（ヴェネツィア、ジェノヴァなど）では、東方貿易で香辛料（spices）を輸入した。イタリアの内陸都市（ミラノ、フィレンツェなど）では、現代のミラノ・コレクションに見られるように毛織物業が中心となる。また北ドイツの都市（リューベック、ハンブルクなど）では、海産物や穀物などが商取引された。他にもフランドル地方やシャンパーニュ地方の諸都市もあり、羊毛などが扱われた。

こうした都市の市民は、封建的束縛のない自由な身分になることを望み、領主の支配から独立するよう努力した。また都市に逃げこむ農奴も発生（ドイツの格言「都市の空気は自由にする」）する。だが都市商業の発展につれ、領主は都市への課税を重くし始めた。しかし、市民はそれに抵抗し、各地の都市は続々と自治権を獲得して、自治都市（Free Cities）へと発展する。なおこれらの自治都市は、領主への抵抗という共通目的のため、時には同盟して戦った。有名な例としては、北イタリアのロンバルディア同盟や北ドイツのハンザ同盟（the Hanseatic League）などがあげられる。

加えてドイツの場合、都市の内部に商人ギルドや同職ギルド（手工業者の組合）ができ、市政参加の基礎になった。上層市民のなかから、アウグスブルクのフッガー家（the Fugger family）やフィレンツェのメディチ家（the Medici family）のような富豪も登場してくる。彼ら大富豪は、大金を貸し付けることで皇帝や教皇にも影響力を行使できた。

本講中盤では、西欧中央集権国家が成立し、王権の強化による「政教分離」や議会招集で近代へ移行していく模様を検討しよう。一時期優位であった聖界の教会勢力がいかに衰退し、それに伴い封建制もどう衰えていったかをまず確認する。十字軍終了後の十四世紀初頭に教皇ボニファティウス八世は、英仏両国王と争ったのち、フランス王フィリップ四世によってアナーニに幽閉される。さらにフィリップ四世は、教皇庁を南仏のアヴィニョンに移し、教皇に干渉し続けた（いわゆる「教皇のバビロン捕囚」、一三〇九年）。それゆえ十四世紀後半に教皇庁がローマに戻ると、アヴィニョンの教皇とローマ教皇の対立が発生する（教会大分裂（the Great Schism）、一三七八年）。こうした教会の混乱に対し、革新運動が始まった。たとえばイギリスのウィクリフやボヘミアのフス（Hus）による運動があげられる。しかしフスは、統一教皇を決めた一四一四年からのコンスタンツの公会議で、異端として火刑に処された。だが彼は人望があったので、その後ボヘミアではフス戦争というフス派の反乱が長引いた。教会が分裂したり、革新運動の抑圧が失敗したりして教会の権威が地に落ちていく。

封建制の衰えの端緒としては、イギリスの例がわかりやすい。都市に余剰生産物を売り、貨幣をため始めた荘園の農民は経済的に向上し始めた。加えて十四世紀半ばの黒死病（the Black Death，ペスト）の流行で農村人口が激減し、生存農民の立場が強まってくる。その結果イギリスでは、領主に貨幣を納めるだけでいい独立自営農民（yeoman，ヨーマン）が誕生した。彼ら自営農民に対し、領主が身分的束縛を再び強めようとすると、つまり農奴の立場に再び戻そうとすると、大農民反乱が発生した。たとえば、一三五八年のフランスのジャクリーの乱や一三八一年のイギリスのワット・タイラーの一揆があげられる。それでは、ヨーロッパ各国の歴史的展開を次に瞥見していこう。

前述のようなイギリスでは、ノルマン王朝やプランタジネット家の王権が当初強かった。しかしジョン王（John, the lack land, 失地王）は教皇に破門され、フランス王にも敗れて大陸領土の多くを失い、重税まで課した。こうした王の失政に対し貴族は一致して反抗し、新税は彼らの承認を要すること等を含めた大憲章（Magna Carta, マグナ＝カルタ）を一二一五年に承認させた。この後イギリスでは、一二六五年の大貴族シモン・ド・モンフォールの議会を経て、一二九五年にはエドワード一世の下で模範議会が招集されることになる。王の失政で議会制度が発展するなんとも皮肉な史的展開となった。一方、フランスのカペー朝の王権は当初弱かったが、フィリップ二世はジョン王を破り、南仏の異端アルビジョワ派を討伐した。フィリップ四世も一三〇二年に身分制議会の三部会を開き、その支持をえて教皇を圧迫し続け（翌年のアナーニ幽閉など）、王権を強化した。フランスの場合、イギリスとは極めて対照的に、王権が徐々に強化されてきたと言える。

このように好対照な英仏両国は、フランドル地方の領有権とフランスのヴァロワ朝の王位継承権で対立し、百年戦争（the Hundred Years' War, 一三三九—一四五三年）を始めた。王権強化の推移の仕方を考えるとフランスが優位になりそうだが、初期の戦闘ではイギリスが優勢で、黒太子エドワードは速射能力に優る長弓隊でフランス騎士軍の弩弓隊を圧倒した。他方フランスは、国内の分裂（ジャクリーの乱）やペストの流行もあり、シャルル七世時に崩壊寸前となる。ここで有名なジャンヌ・ダルク（Joan of Arc）が登場する。彼女は、要地オルレアンの包囲を破り、イギリス軍を敗走させてフランスを戦争の最終勝利へと導いた。彼女自身は魔女の嫌疑をかけられて火刑に処されたが、フランスの王権は再び強化される。一方、戦後のイギリスでは、ランカスター家とヨーク家の間で王位をめぐる内乱（ばら戦争）（Wars of the Roses）が勃発した。一世紀半も続く戦争と内乱で疲弊した諸侯は自滅し、ランカスター家のヘンリー七世が一四八五年に即位し、テューダー朝を開くこととなった。

スペインとポルトガルがあるイベリア半島を瞥見しよう。東方の十字軍で活性化された国土回復運動（レコンキスタ）の結果、一四七九年にスペイン王国が成立した。共同統治するフェルナンド五世とイサベルは、ムスリムの手中にあった南端のグラナダを陥落させ、統一を進めていく。隣国ポルトガルのジョアン二世は海外発展に尽力した。エンリケ航海王子（第I部第六講に後述）のアフリカ西海岸開拓事業を継承したのも彼である。

中欧のドイツと南欧のイタリアの状況も概観しておく。ドイツの神聖ローマ皇帝は、イタリア政策に没頭しすぎ、自国にあまりいなかった。そのため一二五六年から大空位時代（the Great Interregnum）が始まる。その後も皇帝の勢力は弱かったので、カール四世は一三五六年に金印勅書（the Golden Bull）を出し、強力な聖俗諸侯から七大選帝侯（seven Prince-electors）を選出した。ただし十五世紀以降になると、皇帝はハプスブルク家から選出されるようになる。イタリアもドイツと同様に、多くの国・諸侯・都市が乱立し、統一が困難な状況であった。なかでも、神聖ローマ皇帝を支持する皇帝党（ギベリン）と、ローマ教皇を支持する教皇党（ゲルフ）の闘争の激化は有名である。これら両国では、中世末から近代にかけても中央集権国家化が難しい状況であった。

最後に、本講終盤で西欧の中世文化をとりあげよう。まず、当時の学問と大学に注目する。中世当時、学術語としてのラテン語を使えるのは聖職者くらいであった。ゆえに当時の学問では必然的に彼らが中心となる。そのため最高の学問は神学とされ、「哲学は神学の婢」とされた。カール大帝期の学僧アルクィンに始まった神学は、アンセルムスの実在論を経て、十二世紀頃スコラ学に発展する。その綜合者は「神学大全」を書いたトマス・アクィナスであった。だがその後、ウィリアム・オッカムの唯名論も出現し、普遍論争は再び迷走することになる（第Ⅰ部第五講に詳述）。以上のような神学の権威のもと、自然科学者のロジャー・ベーコンも現れたが、ほかの合理的な学問の発達は概ね妨げられた。その例外としては、イタリアのサレルノ大学（the University of Salerno, 医学）やボローニャ大学（法学）があげられる。しかしやはり一般的な例は、フランスのパリ大学やイギリスのオックスフォード大学（Oxford University）で、これらの大学は神学で有名であった。ちなみに前述のオッカムは、これら英仏の両大学で教えていた。

当時の美術にも目を配ろう。中世の美術は教会建築を中心に発展した。十一世紀頃から、荘重なロマネスク式（Romanesque style）が流行したが、十三世紀頃からはステンドグラスを使い、鋭角的になったゴシック式（Gothic style）が流行する。ステンドグラスを用いて壁面積が減少しても建物の重さを支えられるか否かで、建築様式が変化していったと考えられる。分厚い壁を重視して窓を設ける余裕がなく、屋内が暗くなり荘重になるロマネスク式建築の例としては、ウォルムス、ピサ、マインツ、シュパイエルの各教会があげられる。技術が上がり、窓を設けても天高く建設できるようになったゴシック式教会の例としては、アミアン、ランス、シャルトル、パリ、ケルン、ウルム、カンタベリーがあげられる。ただし、当時の教会建築には非常に長い時間がかかったので（例：ケルン）、途中で建築様式が変わる可能性もあった。そのあたりも注意して、ヨーロッパを旅行してみよう。

参考文献

田中明彦『新しい「中世」――21世紀の世界システム――』日本経済新聞社、一九九六年。同書は現代世界に対して中世がもつ意義を説く。多様性や相互依存をキーワードとしている。
吉見俊哉『大学とは何か』岩波書店（岩波新書）、二〇一一年。吉見の説では、「但しこの中世の大学は一度死に、近代に再生する」ということである。

第四講

成立直後のキリスト教と教父アウグスティヌス

古代末、中世初頭のヨーロッパ世界では、キリスト教徒と異教徒が邂逅した。その政治的経緯と宗教状況について、前述の内容から復習しておく。

中世に西ヨーロッパ世界が成立した契機として、ゲルマン民族（the Germanic Race）の「大移動」があげられる。まるでビリヤード玉のように各集団が接触しあって移動していくようで、まず、紀元四世紀後半に黒海北方のフン族が西へ移動し、東ゴート族が圧迫された。そこで征服されまいと慌てた西ゴート族は南下を始め、ローマ帝国内に進入し、西端のイベリア半島で建国した。ゲルマン民族「大移動」の開始である。彼らと同時期に他のゲルマン諸族も移動を開始する。たとえば北ガリアにフランク（the Franks）族が、ブリタニアに「アングロ・サクソン族（the Anglo-Saxon race）」が、そして北アフリカの旧カルタゴにはヴァンダル族が移動し、建国した。彼らヴァンダル族は、死亡寸前のアウグスティヌスがいた都市ヒッポを包囲して、攻略後に建国したのである。

四世紀末から五世紀初めにかけて、つまりローマ帝国におけるキリスト教国教化

（三九二年）直後の当時、キリスト教会の状況は極めて不安定であった。アリウス派などの異端やマニ教などの異教徒とキリスト教正統派（アタナシウス派）との間の教義論争は、以前から続いている。そのうえ、古来の神々をなお奉ずるローマの有力な異教徒は、西ゴート族による帝国略奪を、従来の神々の放棄とキリスト教国教化のためだと非難したからである。それゆえ、キリスト教の正統な教義の確立が、当時不可欠な状況になっていた。したがって、先の非難に反駁した教父アウグスティヌスの主著『神の国（神国論）』は、キリスト教の護教と時事問題の書という側面をもっていたのだ。

ではここから、アウグスティヌス*が考えた①自然の秩序と人間の本性、②「神の国」と「地の国」、③国家と正義の三つを順に検討しよう。

①まず、彼が考えた自然の秩序と人間の本性について。旧約聖書の『創世記』を発想の源としたアウグスティヌスは、自然の秩序を、神により無から創造された世界と考えた。彼によるとこの世界は、「神の摂理とその永久法（lex aeterna）」により秩序づけられたものだ。すなわち、この世界秩序は、善なる神によって創られた善の秩序で、あらゆる被造物を包みこんだ普遍的な秩序、そして万物が各所をえた階層秩序であった。彼が言う神を、イデア界と同等のものと解釈すれば、プラトン的な秩序観に近いのではなかろうか。

人間の本性に関してアウグスティヌスは次のように考えた。神の似像として創造された人間は、天使と動物の中間に位置づけられる。人間は、「神によって与えら

＊アウグスティヌス（AD三五四―四三〇年）
彼の『告白』は、快楽と名声を求めた多感な青年期の生活から、キリスト教信仰に捧げられた後半生への転換を語る。ストア哲学や新プラトン主義の学問を経た彼は、三八六年にミラノでついに回心した。

れた自由意志（free will）の使い方いかんによっては、天使との共同の生に加わって至福の不死性を確保しうる」が、「死を宣告されて獣の生へと転落する可能性をもつ存在」でもある（まるで自由意志を放埒に使えば、神の意図に反するかのようだ）。よって人間は、神の意図に従い、その社会的本性、つまり血縁感情や良心を維持して生きれば、人的支配を免れ、神への愛と隣人愛で結ばれた平和な社会の構築が可能である。ところが、神の意図に背いたアダムとイブの原罪（original sin）以後、人間の社会的本性は破壊され、人間は「欲望の僕となり獣のように生きる」世界へと転落した。これが、二人の原罪が全人類に遺伝したとされる「原罪遺伝説」である。もっと一般的に解釈すれば、原罪による人間性悪説だとも言えよう。

②次に、アウグスティヌスが着想した「神の国」と「地の国」について検討しよう。彼によると原罪は全人類に伝わったので、人間はもはや自力では善をなしえない。ゆえに人間が永遠の生を得るか、真理に到達するには、ただただ神の恩寵を待つしかない。この考え方は「照明説（illumination）」と呼ばれる。人間には神に対する奴隷意志（the bondage of the will）しかないという考えに限りなく近づいたこの考え方は、はるか後年の十六世紀にアウグスティヌス修道院にいたルターにまで影響し、『不自由意志論（奴隷意志論）』を書かせた。「照明説」の息の長さがしのばれる。

やや脱線した、アウグスティヌスに戻ろう。彼によると人間は二つの集団に分かれ、相反する特徴をもつこととなる。「神の国」の人間集団は、原罪を背負いつつ、己を空しくして神への愛に生きる集団で、永遠に支配するだろう。一方、「地の国」

の人間集団は、自己を誇り、欲望（libido）によって自己愛に生きる集団で、永遠に不満を感じるのだ。

このように対照的な人間集団の、あくまでも観念的な具体例としてアウグスティヌスは、カインとアベルの挿話をもちだす。アダムとイブの長子で、神への供物をめぐる妬みで弟のアベルを殺したカインが創設者の「地の国」と、アベルが創設者の「神の国」との対立が、歴史を貫通する。すなわち人類の歴史は、「神の国」の勝利・到来という終末へと導かれる不可逆の過程だ、とアウグスティヌスは説くのである。ゆえに当時の大事件であったローマの陥落も、この壮大な救済史のなかの一事象にすぎないものだとされる。したがって、彼の歴史観は、先行する循環史観に批判的なものであったと考えられよう。

ただし、アウグスティヌスの『神の国（神国論）』は、複雑すぎる大部の著作であった。ゆえに、彼の弟子オロシウスの著作『異教徒に反論する歴史』（『神の国』の簡潔な書き直し版）の方がよく読まれたようである。皮肉なエピソードではある。

③最後に、アウグスティヌスが国家と正義をめぐって示した「現実的」な観点を検討しよう。前述の「神の国」と「地の国」は、一種の理念型であったからである。さすがにこれらの二つの「国」は、直ちに現実の教会（可視的教会）や現実の国家と同一視されるべきではない。理念型二国の住民が、現世で混在している可能性も考えられるからだ。そこで彼は、国家の評価に関する二つの視点を提示していく。

一つ目は、現世を超えた「神の国」から国家を捉える視点である。キケロの影響を受けたアウグスティヌスは、正義なき国家が国家たりうるかを考察した。そうなると、原罪によって魂が神に従えなくなった人間が作るほとんどの国家に、正義は見いだせないはずである。真の正義は、キリスト自身が創設者で統治者の「神の国」にしかないであろう。ゆえに現世には、国家がおよそ存在しえないと彼は結論付ける。「正義を欠けば王国は大きな盗賊団」にすぎない、とまで彼は言う。ただしこれは、厳しすぎる国家不可能説であろう。

二つ目は、理念型二国の住民が混在する現世に身を置き、国家の存在理由を容認する視点である。現世において巡礼者、寄留者として生きる「神の国」の住民が利用するため、地上の国家の平和も、たとえ正義がなくても必要なはずである。そこで、人間の（原）「罪への処罰と矯正」装置としての国家、強制力そのものとしての国家を、いわば「必要悪（necessary evil）」として彼は承認した（ただしそれでもアウグスティヌスは、真の神が崇められ、善良な人々が支配する国家を望んではいる）。これは、国家が「罪の所産」（The product of sin）だという説明になろう。

以上のように、アウグスティヌスが示した人間や国家の像を検討してくると、はるか後世との不思議な一致が感じられる。二〇世紀のマックス・ヴェーバーによる近代国家の定義は、「近代国家とは、ある地域内で支配の手段としての正当な物的暴力性の独占に成功した組織的な支配団体」であった。ヴェーバーの言う「正当な」がアウグスティヌスの「正義」と、ヴェーバーの「物的暴力性の独占」がアウグスティヌスの「強制力」と似てないだろうか。しかも最新の二一世紀の研究では、

「正当な」が省かれつつある。暴力そのものが、正当性の自己根拠化すると考えられているからだ。「勝てば官軍」といった表現もある。正義や正当性がなくとも強制力や暴力さえあれば、国家たらざるを得ないという一種の諦念も奇妙に一致してきているように思われる。

参考文献

小笠原弘親・小野紀明・藤原保信『政治思想史』有斐閣（有斐閣Sシリーズ）、一九八七年、七三―八一頁。

マックス・ヴェーバー「職業としての政治」『ウェーバー政治・社会論集』（世界の大思想23）清水幾太郎ほか訳、河出書房新社、一九六六年、三九二頁。

萱野稔人『国家とはなにか』以文社、二〇〇五年、二六―三七頁。

ジョン・H・アーノルド『1冊でわかる歴史』新広記訳、岩波書店、二〇〇三年、三〇頁。

出村和彦『アウグスティヌス 「心」の哲学者』岩波書店（岩波新書）、二〇一七年。ただ、「原罪遺伝説」には、人間の本性を罪悪に決定されていると考える点で、マニ教の善悪二元論に陥っているという批判があった。ナポリ近郊の若い司教ユリアヌスは、アウグスティヌスを、隠れマニ教徒だと辛辣に批判し続けたのである。

第五講

スコラ学の大成者トマス・アクィナスと普遍論争

最初に、前講の復習を簡単にしておこう。アウグスティヌスの「自然の秩序」についてである。旧約聖書の『創世記』を発想源とした彼は、自然の秩序を、神により無から創造された世界と考えた。彼によるとこの世界は、「神の摂理とその永久法（lex aeterna）」によって秩序づけられたものだ。つまりこの世界秩序は、善なる神によって創られた善の秩序で、全被造物を包みこんだ普遍的な秩序、また適材適所の階層秩序であった。「普遍」は実在するというところに注目すれば、「プラトン」的な観点に近いと考えられる。

本講の序盤では、十二世紀ルネサンスからトマス登場までに生まれた、アリストテレス主義とキリスト教信仰の調和の必要性について考えてみよう。一〇九五年以降の十字軍やイベリア半島のレコンキスタが、ヨーロッパ以南のイスラム圏から、古代ギリシア・ローマの思想、特にアリストテレスの思想をいわば逆輸入した。そのため十二世紀のヨーロッパでは、古代の知的で科学的な文化や学問が復活する。加えて、当時先進的であったアラビアの学問も受容された。その結果十二世紀の哲学的思考は、神学的方向から合理主義的方向へと大きく転換する。これがいわゆる「十二世紀ルネサンス（Renaissance of the 12th Century）」である（ただし、十二世紀の知識人が謙虚であったことは、「われわれは古代の巨人の肩の上の矮人」という第Ⅰ部第二講の表現にも感じ取れる）。

まずアラビアにおけるアヴェロエス（イブン・ルシュド）の二重真理説は、啓示に基づく真理と理性に基づく哲学的真理を二分し、両方とも容認していた。信仰から解放された理性的認識（rational recognition）の自立への道を準備したと言える。加えて「逆輸入」された古典文化の代表例であるアリストテレス主義も、人間の自立した理性に基づく、自然認識・人間完成の可能性を提示した。これは、人間には神への奴隷意志しか認めないアウグスティヌスの照明説と鋭く対峙するものと言えよう。以下、アリストテレスとアウグスティヌスの違いに注目する。

アリストテレスが考えた国家（ポリス）とは、人間にとって「至高の共同体」で、家族や村落を経て自然に成長する自然の所産（natural product）であった。一方、アウグスティヌスにとって国家とは、人間の罪を矯正する強制力で、罪の所産（The product of sin）であった。人間の理性や国家の評価に関する前述の二つの相違で、アウグスティヌスの影響が色濃いキリスト教会とアリストテレス主義は当初厳しく対立する。しかし、アリストテレスの研究が滔々ととどまらないので、アリストテレス主義とキリスト教信仰の調和を見出す必要が発生した。これら両者の弁証法的綜合が、中世スコラ学の集大成へ至ることとなる。なお、スコラ（Schola）とは学校の意味であった。

本講中盤ではいよいよ、トマス*の政治思想の検討に入ろう（『神学大全』が主著とされる）。彼がアリストテレスの目的論的自然観をどう受容したか、およびトマスの人間観と自然法をまず考察する。

トマスの人間像によれば、魂が肉体を、魂のなかは理性がほかの欲求を支配するのがあるべき秩序であった。またトマスによる宇宙像は、無機的自然から植物、動物、人間、天使、神へと上がっていく段階的な階層秩序であった。こうした宇宙は、神の理性としての永久法（lex aeterna）により秩序づけられる（特にこの宇宙像はアウグスティヌス的）。だがこの永久法は、人間には理性に示され、人間が従うべき自然法（lex naturalis）となる。ゆえにトマスの宇宙・人間像は、「あらゆる存在は、その本性に内在する目的の実現を志向する」という（アリストテレス的）目的論的自然観も基礎の一つとしていた。人間の「目的」は、理性に示された永久法、すなわち自然法ということになるからだ。

アウグスティヌスと同様に神の似像たる人間を、天使と動物の間に位置づけたトマスは、人間を次の二次元で把握していた。①自然の秩序に属する人間と、②超自然の秩序に属する人間である。①の人間は理性的存在（Rational existence）で、「社会的かつ政治的動物である」（神の真理も認識するが）。②の人間は、信仰をもつキリスト者（Christians with faith）としての人間である。このようにトマスは人間を二次元で把握したが、信仰と理性、恩寵と自然は鋭く対立しないとも考えた。それが「恩

＊トマス・アクィナス（一二二五頃―一二七四年）
彼は外国語を苦手として「唖の牛」（当時の表現）と呼ばれたが、のちの膨大な業績により、「天使的博士」とも綽名された。主著『神学大全』は邦訳で全四五巻だが、これでも彼の全著作の七分の一程度であったとされる。にもかかわらず晩年の彼は、自著が「すべてわらくずのように見える」とし、筆を絶った。

寵は自然を廃棄せずこれを完成する」という彼の言葉に表れている（人間は二次元だが、①も②も共に両面兼備だと考えられよう）。

次に、トマスの政治思想のなかでも、国家と人定法に関するところを検討しよう。中世の異端審問が厳しい当時、神法を所管する教会を国家より上だと彼は位置づけていたが、ここでは教会についてはひとまず措く。

前述の①の人間を想定するトマスにとっても、アリストテレス同様、国家は「自然の所産」（natural product）で、支配・被支配関係も身分制的な階層秩序も、自然の所産、神与の秩序として肯定される。ゆえに最も完全な共同体としての国家の目的は、平和と統合の維持を通じた人々の「共通善」の保障であった。ただし、国家の支配者が制定・公布した法は、（自然法ではない）人定法なので、強制力か「刑罰の恐怖」の裏付けをもち、人々を有徳な生活へ導くべきだ。原理、効力は自然法と一致すべきだが、とトマスは説く。人定法の裏付けの点は、アウグスティヌスの発想（「罪の所産」）にやや近いかと思われる。

そしてトマスによると、権威の究極の根源は神だが、政治的権威の由来は人民で、人民から支配者に権威が委託されたとされる。よって人民は、自然法に反する法を制定し、人々の福祉に反する統治をおこなう支配者に対しては、抵抗することが認められると考えられた。現代人としての著者の思いすぎかもしれないが、このようなトマスの考えには、近代の社会契約説や抵抗権思想の萌芽があったように思われてならない。

以上のようにトマスの思想は驚くべき発展を見せたが、ホイジンガの言う『中世の秋』に入る当時、トマスによる哲学と宗教の温和な融和をうけいれる心情が崩れ始めた。なぜなら、長引く戦争（Wars, 百年戦争等）や人口停滞、気候変動（climate change）による不作・飢饉、そしてペスト（pest）の流行などにより、成長の時代が終焉しつつあったからである。しかも、十四世紀の教会大分裂（the Great Schism）で、無力なキリスト教会自体が危機の時代に平和の主役たりえなかったのであった。こうした時代背景の結果、急進的な思想が人々に求められるようになる。結論を先走るようだが、理性と信仰の明確な分離を主張する「オッカムの剃刀」(Occam's Razor)が表れる契機ができたのであった。

本講終盤では、中世末期の政治思想、特に唯名論者オッカムのウィリアム（William of Ockham, 一二八五頃―一三四九年頃）に焦点をあてて考察する。トマスが一時的に止揚したものの、中世スコラ哲学における大論争として、「普遍論争（controversy over the problem of universals）」が長らく続いた。「普遍（universalia, 類・種・神）」が、それ自体として実在するのか否かについての論争である。普遍が存在すると答えたのが実在論（realism）で、アウグスティヌスやアンセルムスなどが代表としてあげられる。一方、普遍は人間の思考の産物としての単なる概念、唯の名辞にすぎないというのが唯名論（nominalism）である。その代表例が前述のオッカム（Ockham, Occam とも。実は出身地名）であった。

唯名論者のオッカムによれば、存在・実在するのは（普遍ではなく）「個々の事物」

だけである。感覚や経験で捉えきれない神の存在（普遍の一つ）は、理性的認識の対象とはならず、信仰の対象にすぎない、と。したがってトマスにおける理性と信仰の調和は、オッカムにより断ち切られることになった。いわゆる「オッカムの剃刀」（Occam's Razor）である。その上で彼は、人間の内面生活に関わる教会権力（教権）と、人間の外面的な行動に関わる世俗権力（俗権）とは、お互いに「自律」すべきと主張した。政教分離の走りとも捉えられよう。しかし当時としては急進的なこの主張により、オッカム自身、教皇ヨハネス二二世に破門され、皇帝ルートヴィヒ四世のもとに逃れざるを得なくなった。当時の教皇と皇帝の争いのなかでオッカムは、俗権が教権から自律することを実際に支持し続けたのである。

なお、オッカムより少し後の時代のウィクリフやフスによる教会批判は、清貧・聖書中心主義の考えから生まれたものであった。彼らの活動は、ルターらによる十六世紀以降の宗教改革運動（第Ⅰ部第七講に後述）の先駆けとなる。

参考文献

小笠原弘親・小野紀明・藤原保信『政治思想史』有斐閣（有斐閣Sシリーズ）、一九八七年、八八―一〇五頁。

吉見俊哉『大学とは何か』岩波書店（岩波新書）、二〇一一年、五二―五三頁。

ジャック・ルゴフ『中世の知識人』柏木英彦・三上朝造訳、岩波書店（岩波新書）、一九七七年、一四―一八頁。

稲垣良典『トマス＝アクィナス』清水書院、二〇一六年。

山本芳久『トマス・アクィナス　理性と神秘』岩波書店（岩波新書）、二〇一七年。

第六講

近代のはじまり——ルネサンスと大航海時代

本講から近代の歴史と思想に入っていこう。本講中盤までは歴史、終盤で思想を取り扱う。近代の初期には、「ルネサンス（再生の意味）」と呼ばれる、中世封建社会の殻を破って人間精神の革新（人間中心主義）をめざす文化運動が始まった。なかでも、「イタリア＝ルネサンス（十四—十六世紀頃）」が最も早く始まる。ギリシア・ローマ古典文化の価値の再発見を通じ、人間の品性の向上を試みる人文主義（ヒューマニズム）から生じたルネサンス文化は、フィレンツェ（Florence）で最初に開花した。ここでは主にメディチ家が、一般的に貧しい芸術家たちのパトロンとなる。たとえば詩人のダンテ（『神曲』）やペトラルカ、近代小説の祖ボッカチオ（『デカメロン』）、画家のボッティチェリ、建築家のブルネレスキなどが現れた。また、終盤に詳述する歴史家兼政治学者のマキアヴェリ（Machiavelli）（マキャベリとも表記。不安定な政治状況から『君主論』を執筆）も登場する。

教皇自身が芸術家たちのパトロンとなったローマでは、「最後の晩餐」や「モナ・リザ」で有名なレオナルド・ダ・ヴィンチ（Leonardo da Vinci）やミケランジェロ

（Michelangelo,「最後の審判」「ダヴィデ像」）、ラファエロ（聖母子像）などが現れた。しかし、その後の「大航海時代」の到来による地中海商業の衰退と、神聖ローマ皇帝とフランス王らによるイタリア戦争が災いし、ルネサンスの中心はアルプス以北へ移動していく。いわゆる北方ルネサンスである。

北方ルネサンス（十六―十七世紀頃）では、芸術だけでなく、科学精神も発展した。芸術家の例としては、フランドル地方の画家ブリューゲルや作家エラスムス（『愚神礼讃』宗教改革の土台に）、ドイツの画家デューラー、イギリスの小説家トマス・モア（Thomas More,『ユートピア』終盤に後述）、シェークスピア（Shakespeare）らがあげられる。さほど北方とは言えないかもしれないが、フランスの知識人モンテーニュやスペインの作家セルバンテス（「ドン・キホーテ」）らを加えることもできよう。ルネサンス期の三大発明としては、火薬・羅針盤・活版印刷があげられる。前二者は中国起源だが、後者はドイツのグーテンベルクの発明とされる。またコペルニクスやガリレイ、ケプラーは地動説（the heliocentric theory）を提示し、プトレマイオスの天動説（geocentricism）に異議を唱えた。この地動説の発想は、「コペルニクス的転換」とよく呼ばれる。しかし、地球中心ということは人間中心的な天動説から、太陽中心で地球や人間を周辺化する地動説への転換が、人間中心主義をめざすルネサンス期に出現したことはなんとも皮肉である。

では次に、ルネサンスがイタリアから北方に移った契機の一つとなった「大航海時代」に注目しよう。この時代にヨーロッパ世界がグローバルに拡大し、ヨーロッパが中心の「近代世界システム」が形成されたと現代の研究者イマニュエル・ウォーラーステインは説く。

インド航路の発見、つまりアジアからヨーロッパまでの（陸路の代わりの）新海路がまず探求されることになる。十三世紀末にヴェネツィアのマルコ・ポーロ（Marco Polo）は陸路中国（元）へ行き、海路帰国した。彼の話に基づく『世界の記述（東方見聞録）』は、「黄金の島ジパング（日本）」も紹介し、アジアに対するヨーロッパ人の好奇心をかなり刺激する。加えて十字軍以来、胡椒をはじめとする香辛料など、アジアの物産に対する西欧人の需要も急増していた。ただし、ムスリム商人が陸上で仲介する東方貿易は高価なものでもあった。そこで、陸路に頼らない新しい航路の開拓要求が発生する。たとえばポルトガルのエンリケ航海王子は探検を奨励し、一四八八年にバルトロメウ（バーソロミュー）・ディアスは南回りでアフリカ南端の喜望峰に到達した。一四九八年にはヴァスコ・ダ・ガマも南回りで喜望峰を抜け、インド西岸のカリカットにまで到着する（なお、十五世紀初頭に明の鄭和が南海遠征をすでにしていたが、中国人による探検は一時的なものに終わった）。

一方ジェノヴァ人のコロンブス（Columbus）は、南回りより西方に直行する方がアジアにすぐに着くというトスカネリの地球球体説を信じ、スペイン女王イサベルの支援をえて一四九二年に出帆した。同年にコロンブスは「アメリカ大陸」を発見し、翌年帰国する。だが彼は、そこをインドの一部だと生涯信じていた。後に、当時未知だったこの大陸をアメリゴ・ヴェスプッチ（Amerigo Vespucci）がくわしく紹介したため、この大陸の名は彼に因んでアメリカになる。その後も西欧人はアジアへの西方航路を探検した。一五一九年にマゼラン（Magellan）が世界一周へ出発し、スペイン人のコルテスはアステカ文明を、ピサロはインカ文明を一五三三年に征服した。なお、ポルトガル人は一五四三年に日本の種子島に漂着し、鉄砲を伝えた（「鉄砲伝来」）。

以上のような地理上の発見で、大西洋とインド洋が世界商業の大動脈になり、西欧主導の世界の一体化が進んだ。ただ、新大陸の銀（silver）が西欧に大量に流入したため、激しい物価騰貴、いわゆる価格革命（Price Revolution）が発生することになった。

本講終盤では、ルネサンス期の思想家二人を検討対象とする。まず、マキアヴェリ*（一四六九―一五二七年）が提示したリアリズム（realism）の政治思想を取り上げよう。彼の前提によれば、人間の本性が情欲に支配されることは不変であった。この前提と、彼自身の経験や観察、古代史の事例から、現実政治にとって有効な一般的命題を「帰納」する方法が導き出される。その結果彼は、政治学を、神学や哲学から解放された近代的なものにすることができたのだ。乱世と言っていい当時のイタリアにおける政治思想や政治学の最終目的は、当然、安定した政治秩序の創出であった。

マキアヴェリの人間観と、そこから生まれた政治秩序の構想をもう少し考えてみよう。彼によると人間の欲望は無限だが、それに比べて欲望実現能力は皆無に等し

＊マキアヴェリ（一四六九―一五二七年）
フィレンツェにおけるメディチ家の盛衰に人生を翻弄された彼は、主著『君主論』をロレンツォ・ド・メディチに献呈した。なおマキアヴェリズムは権謀術数主義と同一視されることもある。

いものであった。ゆえに野心と貪欲に突き動かされる人間は、自身の欲望実現能力の乏しさのため、自分の理性も他者の資産も、自己利益充足の手段として徹底的に活用するものであった。したがって国家を創出しようとする者は、人間が「邪悪（evil）」なことを所与の条件と覚悟すべきだとされる。

東洋の性悪説的とも言えるこうした人間観を前提とし、マキアヴェリは、二つの政治秩序を構想した。君主国と共和国がそれである。君主国は、君主の軍事力（military strength）を背景に、一定領域の民衆を「恐怖」の支配のもとで秩序化するものであった。ここで成立した政治秩序（stato）は、権力装置自体も意味する。ゆえに彼の定義は、近代の国家概念（state, Staat）を導き出したとも考えられる。もう一つの政治秩序である共和国は、絶対的な権力を握ったすぐれた一人の立法者の指導下に成立するものとされる。この立法者は、力と法、教育を通じ邪悪な人間を変革していく。そして変革された人間は、市民として政治に参加できるはずなのである。しかしながらマキアヴェリ本人は、心情とは別に、共和国の実現可能性を絶望視していた。それゆえ彼は、君主国の創設にイタリア再生の希望をわずかながらでも見出さざるを得なかった。

なお、ルネサンス期当時のイタリアでは、動揺常なき現世を支配しているのは、気ままな運命の女神であるという古代ローマのフォルトゥナ概念（fortuna）が復活した。そして、この運命の女神に対抗する人間の自由意志が強調され、幸運を勝ち取る栄光は人間の徳性によるというヴィルトゥ論（virtu）も復活する。ところが、マキアヴェリにとって徳性はもはや倫理的性格をもたず、運命克服のための人間の主体的な力そのものを意味したのだ。徳性に関する彼の独特の解釈から、有名な「ライオンの力と狐の狡智をもて」という支配者への教えが出てくる。つまり支配者の行動は、倫理から解放され、固有の論理に立つことを承認されたのであった。このようにマキアヴェリの統治技術論は革新性をもっていたが、彼は「悪の教師」だという批判も、後世絶えず繰り返された。

以上のようなマキアヴェリズムと極めて対照的な思想として、トマス・モア（一四七八―一五三五年）のアイデアリズム（idealism）の政治思想があげられる。モアの思想は、前述の主著の名をとってユートピア思想とも呼ばれる。なお、このユートピア utopia（nowhere）という言葉自体、ギリシア語の ou（no）と topos（where）を組み合わせて彼がつくった造語で、どこにも無い理想郷という意味になる。

激動のルネサンス期の当時は、中世封建秩序が再編を迫られ、新たな価値観が模索された時代であった。そこでモアによるユートピアの政治思想は、混沌とした現実政治への批判を踏まえた上で、実現可能性を断念した、完璧で最善の理想国家の構想を示すものであった（なお彼自身、一五三四年の英国国教会の創立時にカトリックの信仰を擁護して抵抗し、翌年斬首刑に処される）。モアの主著『ユートピア』を例にとろう。同書の第一部は十六世紀当時の政治や社会、たとえば手段を問わない王室の戦争政策や支配階級の収奪、私有財産制などを痛烈に批判していた。一方、同書第二部が語るユートピア社会は、こうした批判をすべて除いた社会である。つまり共同所有で平等な社会で、計画経済に基づくデモクラシーの社会であった。後の共産主義社会を彷彿させる先見的な思想であったと捉えられよう。

参考文献

小笠原弘親・小野紀明・藤原保信『政治思想史』有斐閣（有斐閣Sシリーズ）、一九八七年、一〇七―一二〇頁。

第七講

宗教改革――ルターとカルヴァン

本講で取り上げる宗教改革の先駆けとしては、十五世紀頃のウィクリフやフスによる清貧主義に基づく教会批判があった（第I部第五講の末尾参照）。これらの教会批判は、フス戦争などで結局奏功しなかったが、本講のルターらによる改革運動はまた別の経過をたどる。そこで本講序盤では宗教改革史の流れを概観し、中盤ではルターやカルヴァンの思想を検討する。そして終盤では、宗教改革が後世にもたらした甚大な影響を確認しよう。

十六世紀の宗教改革が最も早く始まった神聖ローマ帝国（以下、ドイツと略記）における改革運動をまず見ておこう。十六世紀初頭に教皇レオ十世は、サン・ピエトロ大聖堂の建設資金を調達するため、ドイツで贖宥状（indulgences, 免罪符 Pardon）の販売を開始した。ちなみにカトリックの救済方法としては、洗礼、ざんげ聴聞、贖宥状と段階があるが、最後の贖宥状が資金の調達に利用されたことになる。しかし、ヴィッテンベルク大学の神学教授だったマルティン・ルター（Martin Luther）は、贖宥状販売の弊害を攻撃する九五カ条の論題（95 Theses）を一五一七年に発表した。

魂の救済は、教会への経済的善行ではなく福音（聖書）の信仰のみという信念から、カトリック教会を痛烈に批判したのである。

その後の教会当局とルターの論争の間に、ルターは教皇の権威まで否認することになる。教会当局から派遣されたヨハン・エックとルターの間のライプチヒ討論（一五一九年）を紹介しよう。

エック「教皇の権威を認めないというならば、あなたはヤン・フスと同じではないか」
ルター「ヤン・フスの教えのなかにも福音的なものが含まれる」
エック「ならば、かつてコンスタンツ公会議において、教会がヤン・フスを異端者として裁いたのは誤りであったのか」
ルター「教会の歴史のなかで、教皇も公会議も誤りを犯すことがあった」（傍点著者）

このような複数の討論の後、教皇はルター*を破門した。神聖ローマ皇帝カール五世が仲裁するものの両者の折り合いはつかず、ルターはザクセン選帝侯の保護下で改革を続行していく。その一環でルターは、聖書を原典から新高ドイツ語に翻訳した。一五二四年以降になると、ルターに刺激された南ドイツの農民による農民戦争（German Peasants' War, ミュンツァー指導）が発生する。その後、諸侯や都市まで新旧両教に分かれて争ったが、結局一五五五年のアウグスブルクの和議で、諸侯はカトリ

＊マルティン・ルター（一四八三―一五四六年）
ライプチヒ討論以後、彼に対して「破門脅迫の大教勅」が出された。しかし彼は、その大教勅と教会法、神学書をヴィッテンベルク城外で焼却してしまう。なんと気の強い人物であったのかと想像される。なお彼は、ワルトブルク城で聖書を翻訳中、悪魔が出現したためインク壺を投げつけたとされる。

ックと新教（ルター派プロテスタント）のどちらを信奉してもよいことになった。なおプロテスタント（Protestants）とは、カトリックに抗議する（protest）ものたち、という意味で旧教側からつけられた名称である。以上、俯瞰すれば、ルターはドイツを宗教的に分裂させたが、言語的には新高ドイツ語による統一に向かわせた。

次に、スイスとイギリスの改革運動を順に見ていこう。スイスでは、チューリッヒにおけるツヴィングリの改革後、ジュネーヴでカルヴァン（Calvin）が新教を主唱した。彼の教義の予定説（predestination）はこう説教する。「魂が救われるか否かは神によりあらかじめ定められている。だが（来世で）救われる予定の人間は（現世でも）成功するはずだから、それを確認するために職業労働に励め」、と。結果的にカルヴァンは、ユダヤ人的だとカトリックに忌避されていた富の蓄積も承認することとなる（忌避の例：シェークスピアの『ヴェニスの商人』）。ところがこれが市民階級に受けて、カルヴァン派は北西ヨーロッパの各地に拡大していく。その結果カルヴァン派は、スコットランドではプレスビテリアン（長老派）、イングランドではピューリタン（Puritan, 清教徒）、フランスではユグノー、オランダではゴイセンと呼ばれた。なお、カトリックの教会組織は司教制だが、カルヴァン派は長老制を組織として採用した。

一方イギリスでは、ピューリタンの他にも宗教改革が進行する。テューダー朝のヘンリー八世は、王妃との離婚問題を契機に教皇ともめ始め、一五三四年に首長令を発し、自分がイギリス国教会（the Anglican Church）の主催者であると宣言した（英国国教会は後に一時的に廃止されるが、エリザベス一世の統一令で再興する）。英国国教会は、信仰箇条にルターやカルヴァンの考えを採用していることから新教の一派だが、司教制を維持するなど儀式上、旧教とよく似た点も残す。ちなみに、この英国国教会は日本では聖公会、アメリカでは監督派と訳される場合がある。

本講中盤では、宗教改革期の思想を検討しよう。アウグスティヌス隠修修道会戒律厳守派元修道士のルターによる、教義の特質と二つの王国論をまず対象とする。彼の教義の前提は、徹底して悲観的（pessimistic）な人間観であった。人の意志は（原）罪に縛られた奴隷意志なので、その行為には悪しかないというアウグスティヌス的な人間観だったのである（第Ⅰ部第四講参照）。それゆえルターは、人はただ信仰のみによって義とされ、救われるという信仰義認論を導き出した。こうした神への信仰は、信徒個人の内面化と再確認が求められるので、「宗教意識の個人主義化」と中世的な社会観の一掃が促された。

信仰義認論を導きだしたルターが目にみえる可視的権威として承認するのは、聖書のみ（the New Testament）であった。そして、真の教会とは信徒の心のなかにだけ存在する不可視の教会とされたので、現世のカトリック教会の意義は失われ、「万人司祭主義」（the universal priesthood）の主張が生まれてくる。全キリスト者はその職業（Beruf, a calling）を通じ、神と隣人に奉仕する司祭であるという主張であった。この主張のなかから職業労働を積極的、肯定的に評価する職業の召命観、卑近に換言すれば天職概念も生じた。こうした概念が近代的な労働観の形成に貢献したと論じたのが、後述のヴェーバーである（『プロテスタンティズムの倫理と資本主義の「精神」』、略称『プロ倫』。第Ⅰ部第十二講参照）。

以上の教義を示してきたルターが唱えた二つの王国論（Zwei Reiche）とは、次のようなものであった。全キリスト者は、霊において「キリストの王国（真の教会）」に属し、肉体的には「世俗的統治（現世の王国）」に属す。よって、強制的な権力はすべて世俗的統治に委ねられ、（聖職叙任権や教会財産の管理権まで含む）世俗権力は、可視的な現世の教会にも当然及ぶとされた。その結果ルターは、世俗の権威が従来の教会の権威よりはるかに高いこと、ひいては宗教に対する政治の優越を認めたのである。後世のルター派の教会が、領邦君主の支配下の領邦教会として体制的に確立されたのも納得できよう。

次に、ジュネーヴにおけるカルヴァンの思想を取り上げたい（主著『キリスト教綱要』）。その教義の前提や、教会と政治の関係をめぐる彼の考えを順に取り扱おう。カルヴァンは、神の全能性や「絶対的な意志」と、救いへの手段をまったく欠いた人間の徹底した無力、という極めて対照的な評価を教義の前提とした。アウグスティヌスやルターと同じく、「奴隷意志」的な人間観だと言えよう。この前提から、有名な「予定説」（predestination）が生まれた。ヴェーバーによると後世にも大きな影響を与えた重要な教義なので、予定説の概要を再掲する。

魂が救われるか否かは神によりあらかじめ定められている。だが（来世で）救われる予定の人間は（現世でも）成功するはずだから、それを確認するために職業労働に励め。

救済の予定が決まっているのだから、以後のやる気を失いそうだと著者などは思わざるを得ない。しかし当時の信徒は、どこか逆説的ながら、現世での努力で救いの確かさを望んだのだろう。

このような予定説を唱えたカルヴァンにとって、教会は選ばれた人々の聖なる共同体で、国家から独立して、それ自体で存立すべきものであった。なかでもジュネーヴ教会における牧師会は正しい聖書解釈を下したし、長老会は信徒の破門権までもっていたのである。その結果カルヴァンは、教会統治への国家の介入を排除し、国家と教会を明確に区別していた。加えて彼は、（世俗権力）国家を神により立てられたものとし、国家への抵抗を原則認めなかった（この辺り、ルターと少し類似）。なぜなら国家は、①真の宗教を保護するためと、②公共の平安を維持して市民生活を保障し、人間らしい生活を守るために必要だったからである。

しかし①の目的のためには、教会が国の為政者を正しく指導すべきだと考えられたので、国家が教会に従う一種の神政政治（theocracy）の体制へとジュネーヴ教会は向かう。ゆえにカルヴァン派の神政政治体制は、ルター派の領邦教会体制とは対照的なものになった（とはいえ、ジュネーヴの教会組織内では一種のデモクラシーも実践された。牧師や長老らの権威が強調されていたが、彼らの任命には教会員の同意が必要だったからである）。

本講終盤では、後世に対する宗教改革の甚大な影響を確認しよう。宗教改革の直後から、旧教カトリック側の反撃、いわゆる「反宗教改革（対抗宗教改革）」が始まった。宗教改革に直面してカトリック教会も反省し、勢力再建に努力したからである。たとえば旧教側は、一五四五年からトリエント公会議を開催し、教皇の権威を再確認した。紊乱していた聖職者の生活も粛清し、宗教裁判所を強化して異端の抑圧に尽力する。対外的な活動組織のなかでもイグナティウス・ロヨラらが創立したイエズス会（The Jesuits）が有名である。彼らカトリックの布教活動は南ドイツだけでなくアジアにまで及んだ。ロヨラの同志でイエズス会設立会員の一人フランシスコ・ザビエルは、十六世紀半ばに訪日し、主に西日本で活躍した。

ところが十七世紀に入ると、最終的で最大級の宗教戦争が中欧で勃発する。ドイツ三十年戦争（the Thirty Years' War, 一六一八―一六四八年）である。ドイツは宗教改革では先進的だったが、皇帝権力が弱く諸侯の分立を克服できなかったため、強大な統一国家にはなれなかった。また、アウグスブルクの和議以降も紛争が続き、新旧両教の諸侯は各々同盟を結び対立していた。その結果、一六一八年にベーメン（ボヘミア）で三十年戦争が勃発したのである。この戦いで特に有名なのは、新教側のスウェーデン王グスタフ・アドルフ（Gustaf Adolf,「北方の獅子」「真夜中のライオン」とも）と旧教側の傭兵隊長ヴァレンシュタイン（Wallenstein）の間の奮闘である。ただし、この長期に亘った戦争は途中で宗教戦争としての性格を薄め、旧教国フランスは、隣の大国ドイツが弱体化すればよいという政治的思惑で新教側に味方した。

そこで結局この戦争は、歴史上初めての国際条約と言われる一六四八年のウェストファリア条約（Westphalia Treaties）で終結した。ルター派だけでなくカルヴァン派の新教も認められたが、そのためにかえって、神聖ローマ帝国（ドイツ）の政治的分裂は決定的になる。そのためもあって二世紀後の十九世紀初頭、ナポレオンに敗北し、神聖ローマ帝国（ドイツ第一帝国）は消滅した（なお、ドイツ第二帝国はビスマルク以後の帝国で、同第三帝国はヒトラー時代のものである）。

参考文献

小笠原弘親・小野紀明・藤原保信『政治思想史』有斐閣（有斐閣Sシリーズ）、一九八七年、一〇三―一〇四、一二〇―一二九頁。

徳善義和『マルティン・ルター――ことばに生きた改革者』岩波書店（岩波新書）、二〇一二年。

永田諒一『宗教改革の真実――カトリックとプロテスタントの社会史』講談社（講談社現代新書）、二〇一一年（第三刷）。同書一二四頁によると、十六世紀末の七大選帝侯は次のとおり。カトリックのケルン大司教、マインツ大司教、トリアー大司教。宗教改革派のザクセン公、ブランデンブルク辺境伯、プファルツ伯。そして長期欠席のボヘミア王であった。

リデル・ハート『覆面を剝いだ名将たち――統率の原理と実際――』森沢亀鶴訳、原書房、一九七二年、第三・四章。ただし、訳語が少し古いかもしれない。

第八講

近代絶対主義諸国の盛衰——英仏の社会契約説に注目して

前講への補足を三つしておく。宗教改革当時の神聖ローマ帝国の正式名称は次のとおり。das Heilige Römische Reich Deutscher Nation（ドイツ民族の神聖ローマ帝国）であった。神聖ローマ帝国をドイツと略記した理由がわかろう。次に、ルターが聖書を翻訳したドイツ語は、Neuhochdeutsch（新高ドイツ語）である。最後に、ルターを保護したザクセン選帝侯が無事だった理由は、ルターを「誘拐」して秘密裏に匿ったためであった。ワルトブルク城でのルターは、Junker Jörg（イェルク）という偽名まで使っていたようである。

では、本講の内容に入ろう。前半では英仏を中心とした絶対主義（Absolutism）の成立と展開を検討し、後半でホッブズやロックらの社会契約説を考察する。

絶対主義とは、中世の十字軍以来、弱体化し始めた教会や諸侯にかわり、国王が行政・司法・軍事などあらゆる分野で絶対的な力をふるい、中央集権を進めた政治体制のことである。ゆえにこの時代の君主は、常備軍（regular army）や官僚制（bureaucracy）を維持するために多くの貨幣を必要としたので、輸出を勧めて輸入を制限し、国内産業を保護・育成した。この方針がいわゆる重商主義（mercantilism）政策である。当時、国内の商工業を担っていた市民階級（the bourgeoisie）はこの政策を歓迎し、王権を支持した。そして彼らのなかから、工場制手工業（manufacture）を始めた資本家も現われてきたのである。

ドイツでは三十年戦争（一六一八―四八年）が行われていた十七世紀頃までのイギリスの興隆とフランスの内乱を順に確認しよう。イギリスでは、百年戦争直後のばら戦争（―一四八五年）の結果（第Ⅰ部第三講参照）、封建貴族が没落し、王権が強化されて、絶対主義へ移行していく。テューダー朝の場合、統一令によって国教会を再び確立したエリザベス一世（Elizabeth I, 一五三三―一六〇三年。第Ⅰ部第七講参照）が典型的である。彼女のもとで絶対主義が全盛期を迎えたが、一五八八年のアルマダの海戦でスペインの無敵艦隊を破ったほど強力な海軍国のイギリスでは陸上の常備軍や官僚制は形成されなかった。国王は、地方の地主階級ジェントリ（gentry, 郷紳）の協力を必要としたし、議会も立法権を失わなかったのである。加えて、国内の発達した毛織物工業を基礎に、東インド会社（the English East India Company, 一六〇〇年―）などは活発な貿易活動を展開した。

一方、フランスでも百年戦争以来、中央集権が進行した。しかし宗教改革の結果、新教徒ユグノー（カルヴァン派）が増えると、彼らと旧教徒カトリックの間でユグノー戦争（the Huguenot War, 一五六二―九八年）がおこる。なかでもサン＝バルテルミの虐殺が有名である。しかし元ユグノーのアンリ四世が王位につき、カトリックに改宗して、一五九八年のナントの勅令（the Edict of Nantes, 信仰の自由を両派に承認）を発布した。その結果、この内乱はようやく終了したのである。なおこのアンリ四世から、有名なブルボン朝（the Bourbon dynasty）が始まる。ルイ十三世の宰相リシュリュー（Richelieu）はドイツ三十年戦争への介入で、ルイ十四世（太陽王）の宰相マザラン（Mazarin）は貴族の反乱（フロンドの乱）の鎮定で、そして太陽王の蔵相コルベール（Colbert）は重商主義政策の実施で有名である。ブルボン朝最盛期のルイ十四世（Louis XIV, 一六三八―一七一五年）は親政を始める際、王権神授説（theory of the divine right of kings, ボシュエらが提唱）を採用した。そして晩年にはスペイン継承戦争を近隣諸国と戦い、一七一三年のユトレヒト条約を有利に結んだ。

以下では、十七世紀以降のイギリス立憲政治の発達を検討する。エリザベス女王の死後、王家はスチュアート家になり、ジェームズ一世、チャールズ一世、チャールズ二世、ジェームズ二世と似た名前の王が続く。これらの王の時代に王権と議会の対立が生じたのである。十七世紀の英国では、商工業の発達で市民階級の力が強まり、独立自営農民（yeoman, ヨーマン）も毛織物業などを兼ねて有力になった。中産階級の成長である。彼らは議会を通じ、自分たちの権利の拡大を志向した。一方、ジェームズ一世は王権神授説を唱え、国教の強制や重税の徴収などの専制政治を強行する。次のチャールズ一世も同様であった。それゆえ、ピューリタン（清教徒）の多い中産階級は王権に反対し、一六二八年に議会も権利の請願を可決する。これは、議会の承認なく租税を徴収しないことなどを王に要請したものであった。しかし王はこれを守らず専制を続行する。議会も王の失政を攻撃したため、内乱へ至った。

その内乱が一六四二年以降のピューリタン革命である。国教会の王党派と清教徒の議会派の対立のなか、議会派のクロムウェル（Oliver Cromwell）は鉄騎隊で王党派を打ち破り、王を捕虜にした。議会派のなかには急進的な独立派（クロムウェルら）と穏和な長老派がいたが、前者が後者を圧倒し、一六四九年に国王を処刑する（共和政の樹立）。その後クロムウェルは、国内の最急進派である水平派を抑える一方、一六五一年に航海条例を発布してライバルのオランダの中継貿易に打撃を与えた。そのため英蘭戦争（―一六五四年）が勃発したが、イギリスが勝利を収める。この間に彼は護国卿となり、独裁を開始した。しかしあまりにも禁欲的で自制的な清教徒の統治に対し、イギリス国内の不満は鬱積していく。

その結果、護国卿が一六五八年に亡くなるとまもなく、長老派と王党派の妥協の産物として王政復古が達成された。処刑されたチャールズ一世の子が一六六〇年に帰国して王位につき（王政復古）、チャールズ二世となる。だが彼も専制的で、ピューリタンの抑圧と旧教カトリックの復興まではかったので、国教徒が増えていた議会は反発した。たとえば議会は、一六七三年に審査律（官吏と議員を国教徒に限定）を、一六七九年に人身保護律（国民の不当逮捕・投獄の禁止）を制定したのである。ところが次のジェームズ二世も専制的だったので、議会は彼の長女のメアリとその夫のオランダ総督ウィレムを王として招き、無血の「名誉革命」（the Glorious Revolution. 一六八八年）に成功した。翌年、彼らが議会の権利の宣言を認めて共に王位につくと

（ウィリアム三世・メアリ二世）、議会は同宣言を権利の章典として制定した。王権を制約し、議会が主権を握る立憲王政が確立したのである（絶対王政は消滅）。

立憲王政確立の少し前から議会政治は発達し、現代的な二大政党が出現している。いまだチャールズ二世治下の一六七〇年代末、議会のなかには王権に寛容なトーリー党（the Tories）と王権に批判的なホイッグ党（the Whigs）が誕生していた（政党政治の開始）。立憲王政になるとメアリの妹アン女王は、スコットランドを併合し大ブリテン王国を形成したが、アンの死後スチュアート朝は断絶する。そこで一七一四年に遠縁のハノーヴァー選帝侯ゲオルクが迎えられてジョージ一世となり、ハノーヴァー朝（the Hanover dynasty, 現王室ウィンザー朝の祖）が始まる。しかし彼は、英語も英国事情もよく知らなかったので、政務を大臣に委任した。その結果、国王は「君臨すれども統治せず」の伝統が生まれたのである。加えてホイッグ党のウォルポール首相の時（一七二一年）、内閣が議会に責任を負う責任内閣制（議院内閣制）が成立した。

以上のようにイギリスで立憲政治が発達している間、政治思想はどのように展開したのだろうか。中世からの伝統的な王権神授説（divine right of kings）と、十七世紀以降の新しい政治思想としての社会契約説をごく簡単に対比しておく。

ジェームズ一世やルイ十四世らが採用した王権神授説は、王権が神に直接由来するとし、その絶対性を擁護することで、国内の統一と安定を強化しようとした思想であった。英仏ではフィルマーやジャン・ボダン、ボシュエらが唱えた思想である。

一方、十七世紀半ばから主にイギリスで、自然法に基づき国家の起源を合理的に説明する社会契約説（the social contract theory）が発達した。たとえばホッブズ（Hobbes, 後述）は、人間の自然状態を「万人の万人に対する闘争」だと捉え、これを避けるための契約（各人の自然権を主権者に譲渡）によって国家を作ったと考えた。だが国家への服従を説く彼の理論は、結果的に絶対主義を弁護したとも言われる。その後ロック（Locke, 後述）は、同じ社会契約説ながらも、各人が自らの生命・自由・財産を守ってもらうために国家を作ったのだから、主権者が圧政で国民の権利を侵害する場合には政府の代替が可能だと説いた。彼の理論は、名誉革命の理論になったと評価される。

本講後半では、前述のような社会契約説の巨人たちを、自然法の観念に注目しつつ、考察しよう。人間の事象に自然科学を適用する危険性に自覚的であったパスカルのような思想家もいたが、紙幅の関係もあるので、前述のホッブズとロックに焦点をあてたい。

まず、トマス・ホッブズ*（Thomas Hobbes, 一五八八—一六七九年、機械論・原子論のデカルトと同世代。主著『リヴァイアサン』）について考えよう。中世の末期に「オッカムの剃刀」で唯名論が勝ち、アリストテレス哲学が全盛期を迎えたが、ホッブズの哲学は、機械論的な自然観に基づいていた。この機械論的自然観は、アリストテレスの目的論的自然観を否定し、自然界の現象はすべて、因果法則で把握可能だとする観念である。ゆえに、彼の政治哲学もこの自然観や、理性的な数量計算能力、幾何学

＊トマス・ホッブズ（一五八八—一六七九年）
彼の主著『リヴァイアサン(Leviathan)』は、国家を水中にすむ巨大な怪獣のリヴァイアサンにたとえたものである。また彼は、ピューリタン革命を回顧して『ビヒモス（Behemoth)』を晩年に執筆する。ビヒモスも巨獣を示す。

に依拠するものである。まるで神与の秩序や神の否定に近づいたように見える。

　ホッブズは、自己保存欲をもつ人間の自然状態論を予想し、「万人の万人に対する闘争（戦争状態）」（all people would fight each other in a natural condition）と想定した。ただし自然状態の人間は皆、平等で自由な存在でもある。それゆえ、闘争や戦争も「自然権」（natural right）として積極的に承認された。このように彼の政治思想は、階層的で不平等な封建秩序の一掃へ向かったが、相互不信がつのる野蛮な戦争状態をどう回避するかという問題が残った。

　戦争状態の回避という目的は、人間の平等な情念（死の恐怖等）と人間の理性が示唆する平和条項としての「自然法」で実現可能とホッブズは考える。この自然法は、結果的に国家創設の基礎になった。具体的には、①平和を求めよという基本的自然法、②自然権の相互・同時的放棄を命ずる自然法、③信約の遵守を命ずる自然法があげられる。とりわけ重要な②の実施を保証するには、強力な共通権力、つまり主権者や国家の創設が必須となった。各人の自然権の相互・同時的放棄の後、国家に、各人の自然権が授権される。そして国家創設後の意思決定権はすべて主権者にゆだねられ、ここに絶対的な主権が成立することになった。こうしたホッブズの政治思想が、絶対主義の擁護だと見なされたのも納得できよう。

　次に、ジョン・ロック*（John Locke, 一六三二―一七〇四年。主著は『政府二論』など）の政治思想について考えてみよう。彼の思想は、イギリスの名誉革命だけでなくアメリカ独立革命でも根拠になったとされる。ホッブズと同じくロックも自然状態をめ

＊ジョン・ロック（一六三二―一七〇四年）
彼が考える「自然状態」は、単なる想像上のものではなく、入植地としての当時のアメリカであったとされる。入植者たちは、土地を囲み込みながら、ネイティブ・アメリカンと戦っていた。

ぐって検討していく。そしてホッブズと同じくロックも自己保存権等を中心とする「自然権」を承認し、自然権の主体として人間が自由で平等なこと、功利主義的でもあることを承認した。しかしホッブズと異なり、ロックにとって人間が「理性的存在」（rational existence）であることも自明であった。そこで彼は、理性の命令としての「自然法」が、自然状態にもあると主張したのである。したがってロックにとっての自然状態とは、「平和と善意と相互扶助の状態」ということになり、ホッブズの自然状態論とは極めて対照的なものになった。

ただし、こうした自然状態でも、（生命・自由・財産といった所有権をふくむ）自然権の享受は不確実で、外敵の侵害にも無防備であった。①確定した法が欠如し、②紛争裁定者（司法）も不在で、③裁定執行（行政）権力も欠けているためである。それゆえ政治社会の形成が必要になった。ロックの考えでは人間は本来、自由で平等なので、彼ら全員の相互契約に基づき政治社会を形成すべきだとされる。そしてそうした政治社会を形成後、「多数決原理」（the principle of majority rule）に基づく立法部に主権の行使を委ねるものだと想定された（この立法部に先の②、③を加えれば三権分立的（independence of the three branches of government）だと思えるが、三権分立論は、少し後のモンテスキューの方が有名）。

では、こうした立法部を含めた政府と国民との関係はどうあるべきだろうか。ロックは、当時のイギリス法における「信託」概念（片務的契約関係）を援用する。この概念によれば受託者（政府）は、信託者（国民）に対し一方的な義務を負うことになる。したがって政府による信託違反が発生した場合、違反を理由とする国民側の抵抗権・革命権（the right of resistance, revolution）が積極的に承認されることになった。こうした国民の権利を唱えた点で、ロックの思想はどんな時代や地域の革命でも使いやすくなったと考えられよう。

参考文献

小笠原弘親・小野紀明・藤原保信『政治思想史』有斐閣（有斐閣Sシリーズ）、一九八七年、一四八―一八一頁の随所。

Daniel J. Boorstin, *The Discoverers*, Tokyo: Kinseido, 2011, p. 51f. デカルトの機械論的自然観について参照。なおブアスティンは、アメリカのコンセンサス史学派の著名な一人である。彼には、ダニエル・J・ブアスティン『現代アメリカ社会――コミュニティの経験――』橋本富郎訳、世界思想社、一九九〇年のような著作もあり、その原題はThe Decline of Radicalism である。詳しくは、第Ⅱ部第一講を参照。

マイケル・サンデル『ハーバード白熱教室講義録＋東大特別授業（上）』ＮＨＫ「ハーバード白熱教室制作チーム」小林正弥・杉田晶子訳、早川書房、二〇一〇年。ロックの自然状態でも、（自然法を実行できる）各人は「自分自身の事件の判事となると我を忘れ」、「行きすぎた侵略や処罰を繰り返す」。ゆえにいつの間にか「とても荒々しい暴力に満ちた」状態になりうると紹介されていた。

第九講

長い革命の時代——十八世紀半ばから十九世紀前半へ

前講後半では、二つの社会契約説の違いを念頭に置きつつ、それらを検討した。少しだけ復習しておこう。ホッブズは野蛮な自然状態「万人の万人に対する闘争」を、自然権の相互・同時的放棄で避けようと考察した。一方ロックは、結果的に起こりうる戦闘状態を、多数決原理の立法で避けよと提案した。こうした社会契約説が発達する背景となったイギリスの立憲政治は十八世紀前半まで続いたが、それ以降イギリス社会はどう変化したのか。また同時期のフランス政治はどう変貌したのか。こうしたことを本講で検討しよう。本講序盤ではイギリスで始まった産業革命を、中盤ではフランス革命とナポレオンを、終盤ではウィーン会議と以後の革命をテーマにする。まさに「長い」革命の時代である。

産業革命は十八世紀半ば頃から始まったとされる（「勤勉革命」江戸期の日本）。産業革命の背景と要因をあげていこう。一五八八年のアルマダの海戦（対スペイン）や一六五〇年前半の英蘭戦争、一七五六年からの七年戦争（対フランス）で勝ったイギリスは、広大な「海外市場」（overseas market）を握る。その間に、工場制手工業（マニュファクチュア）が発達し、奴隷貿易も展開されて「資本」（capital）が蓄積された。同時期に農業でも、大地主が中小農民の土地や共同地をあわせ（囲い込み）、資本家がこれらを賃借して大規模農場を営んだ（農業革命）。その結果、農民が大勢失業し「労働力」（laborer）が余ることになる。しかもイギリスでは、石炭や鉄などの「資源」（resources）が豊富であった。その結果イギリスでは市場、資本、資源、労働力の3S1R（ローマ字表記の頭文字Sijou, Sihon, Sigen, Roudouryokuから）が保有されていたため、新技術が発明されれば、その応用で工業生産の拡大（機械工業化）が可能だったのである。

次に、機械の発明と交通・運輸機関の発達を順に確認していこう。機械の発明は、植民地の綿花を使う木綿工業の分野から始まった。まずジョン・ケイにより飛び梭《ひ》が発明され、綿織物の生産が増えてくる。するとハーグリーヴズの多軸紡績機やアークライトの水力紡績機（water frame）、クロンプトンのミュール紡績機などが発明され、不足した綿糸を大量に生産できるようになった。そこで新しい織物機械がまた必要になり、カートライトの力織機（power loom）が発明される。こうして機械が交互に発達し、加えてワットが蒸気機関を改良すると、紡績機や織機にも蒸気機関が活用され、木綿工業の生産効率が一層上昇した。このような軽工業の繁栄に伴い、機械工業や鉄工業など重工業も飛躍的に発展していく。

こうした諸工業が発達すると、大量の原料・製品・鉄鉱石・石炭等をできるだけ早く安く輸送するため、交通機関を改良する必要が生じた。その例として、スティーブンソンの蒸気機関車や、アメリカ人フルトンが試作した蒸気船などがあげられる。こうした十九世紀前半の発明を通じた交通の発展を、アメリカ史の分野では「交通革命」と表現してきた。

以上のような産業革命の結果、イギリスは、品質が良くて安い工業製品を世界市場で大量に売り、「世界の工場」の地位を獲得した。十九世紀以降になるとイギリス以外の諸外国も、機械による工場生産を開始する。たとえば、フランスの軽工業や、十九世紀後半のドイツやアメリカの重・化学工業があげられる（「第二次産業革命」）。独米の重・化学工業は、世紀末にはイギリスの同工業を追い抜くほど発展した。当時、明治期日本も工業化を開始する。

ただし、機械を使う大規模な工場の出現で、従来の家内工業や手工業は没落し、資本家が台頭してくる（資本主義体制の確立）。人口の都市集中が発生するなか、集まった労働者は階級意識にめざめ、労働問題や社会問題が生まれるようになった。たとえば、十九世紀初頭のイギリスの手工業者による機械打ちこわし運動、通称ラッダイト運動（the Luddite movement）があげられる。だがイギリス政府は厳しく対処し、軍隊まで投入して弾圧した。

本講中盤ではフランス革命とナポレオンを順に検討する。まずは革命前、十八世紀後半のフランス社会における旧制度（アンシャン・レジーム）の矛盾や弊害を確認しよう。国民の第一身分は聖職者、第二身分は貴族、第三身分は平民であった。前二者は大土地を所有して免税その他の特権をもっていたが、人口の九〇％以上の第三身分は政治的な権利をもたず、農民らは重税に苦しんでいた。ゆえに第三身分のなかの、富を蓄え実力をつけだした商工業者らは、不当な扱いに不満をもつようになる。ルソーらの啓蒙主義や、アメリカ独立革命（一七七五年―）の成功が、彼らの考えに影響したからでもある。

そこでフランス革命が一七八九年から始まることになる。ルイ十六世当時の財政改革の失敗を打開するため、一七四年間も開かれなかった三部会が一七八九年に招集された。聖職者と貴族が各三〇〇名、平民六〇〇名の議員がヴェルサイユに集結する。しかし同三部会は、議決方法（身分別か多数決か）をめぐって最初から分裂した。そこで第三身分は、自らが国民の真の代表だと宣言して国民議会を結成し、憲法制定までは解散しないことを誓った（球戯場（テニスコート）の誓い）。ほかの身分からも同調者が出、国王もこれを認めたので国民議会は憲法制定国民議会と称し、憲法起草にとりかかった。

しかし国王が、保守貴族に動かされて議会の弾圧を試みたので、憤激したパリの民衆は、圧政の象徴の打倒と武器確保のためにバスティーユの監獄を襲撃し、占領した（七月十四日）。その後、暴動は全国に広がっていく。それゆえ国民議会は、暴動の収拾を考えて封建的特権の廃止を宣言し、アメリカ独立宣言に倣って人権宣言を採択（八月二六日）する。ラファイエット（La Fayette）らが起草した人権宣言は、自由・平等、主権在民、私有財産の不可侵など近代市民社会の原理を主張した。ところが、国王はなおも議会弾圧を企てたので、パリ民衆はヴェルサイユへ行進し、王をパリに連行する。そして議会もパリへ移り、改革を実施し続けた。

連行後、王妃マリー・アントワネット（Marie Antoinette）に唆され、王はオーストリアへの国外逃亡をはかったが、途中で捕えられパリに連行された（ヴァレンヌ逃亡事件）。この事件で、ブルボン家に対する国民の信頼が大きく失墜する。革命の気勢が上がり、憲法制定国民議会は憲法を発布した。そして立法議会が招集されたが、ここでは立憲君主的なフィヤン派と穏和共和主義のジロンド派が対立する。ただ、諸外国の君主がフランス革命に干渉し始めると、後者が政権を握り、オーストリアへの宣戦を王に強制した。戦争で全国から集った義勇兵は、パリ民衆と共に、諸外国の干渉の種となる王を幽閉し、王権停止までおこなう（テュイルリー宮の襲撃）。そして直後の普通選挙で、国民公会が招集された（第一共和政、一七九二―一八〇四年）。

いよいよ、悪名高いジャコバン派の独裁（the Jacobins, 一七九三―九四年）が始まる。国民公会の内部では、急進共和主義のジャコバン派（マラーやダントン、エベール、ロベスピエール（Robespierre））が台頭し、ジロンド派と対立した。ジャコバンの主張で王はギロチンで処刑されたが、フランス軍は攻勢に転じ始めた。王の処刑は諸国の君主に大きな衝撃を与える。そこでイギリス首相ピットは、列国と第一回対仏大同盟（the Grand Alliance against France）を結成した。一方、ジロンド・ジャコバン両派の対立激化の結果、後者が勝利（一七九三年半ば）を収める。ジャコバン派は、封建的貢租の無償廃止など諸改革を導入したものの、公安委員会や保安委員会を中心に独裁制を布く（ギロチンによる恐怖政治も実施）。しかし、人心に不安を与えすぎた結果、ジャコバン独裁への不満が高まった。その結果、一七九四年に独裁者ロベスピエールはギロチンで処刑される（テルミドールのクーデタ）。なお、この後しばらく、弱体な総裁政府（五人）が続く。

この総裁政府の信任を、王党派残党の反乱鎮圧でえたナポレオン・ボナパルト*（Napoleon Bonaparte, 一七六九―一八二一年）は、敵国イギリスとインドの連絡切断の目的でエジプトに遠征した。これで脅威を感じたイギリスが、露墺と第二回対仏大同盟を一七九九年に形成し、フランスの国境を脅かす。このことで総裁政府への国民の信頼が失われる。ナポレオンは急ぎ帰国し、ブリュメール十八日のクーデタ（一七九九年十一月九日）で総裁政府を倒し、統領政府を樹立した。同政府は三人の統領からなるが、彼は第一統領に就任し、事実上の独裁を開始する。翌年彼はオーストリアを再び破り、一八〇二年にはイギリスと講和して（アミアンの和約、第二回対仏大同盟解消）、国家の安全を確保した。革命の成果を定着させる民法典（ナポレオン法典）も制定し、公布する。そして終身統領だった彼は、国民の圧倒的支持の下、一八〇四年に帝位につきナポレオン一世と称した（第一帝政）。

フランス帝国の強大化を恐れたイギリスの首相ピットは、またもや露墺と組んで第三回対仏大同盟を形成した。それゆえ一八〇五年にトラファルガーの海戦が勃発するが、フランス海軍はネルソン（Horatio Nelson）麾下のイギリス海軍に敗れ、同国侵入に失敗する。だが陸上では、アウステルリッツの三帝会戦でナポレオンは露墺連合軍を撃破した。翌一八〇六年に西南ドイツ諸国をあわせてライン同盟を結成し、

＊ナポレオン・ボナパルト（一七六九―一八二一年）
ワーテルローの戦いで彼が敗れたのは、英仏陸軍が激戦を繰り広げている最中に、「前進元帥」（Marschall Vorwärts）の綽名をもつブリュッヒャーのプロイセン軍が戦場に到着したからである。一方、プロイセン軍を追っていたグルーシーのフランス軍部隊は、戦場に到着しなかった。

ナポレオンが保護者となる（神聖ローマ帝国消滅）。同一八〇六年に彼は、ベルリンで大陸封鎖令を発布した。大陸諸国にイギリスとの通商を禁じて同国に経済的打撃を与え、フランス産業のために西欧市場を独占しようと試みたのである（結果的に失敗）。そしてイエナで彼は普露連合軍を破り、両国に屈辱的なティルジット条約を一八〇七年に締結した。以後、フランス帝国は全盛期に入る（―一八一二年）。補給の軽視と大砲の活用で、ナポレオンの大陸軍（グランダルメ）は無敵であった。

しかしながらナポレオンの大陸征服は、自由・平等のフランス革命の精神を各地に広め、ナショナリズム（nationalism）を喚起していく。たとえば、スペインではゲリラ的な反乱が起こったし、プロイセンではシュタイン・ハルデンベルクらが諸改革をおこなって国制の近代化を図り、国民軍を育成した。そして、大陸封鎖令で自国の穀物市場を失ったロシアもフランスに反抗する。対英貿易を再開した行為に対しナポレオンは、一八一二年にロシア遠征を開始した。彼はモスクワを占領できたが、ロシアの焦土戦術で退却を強いられ、大兵力を失う。ここで対仏大同盟が復活した。一八一三年のライプチヒの「諸国民」の戦いで、露普墺の連合軍はフランス軍を撃破し、ナポレオンはエルバ島に島流しされる。秩序再建のため、ウィーン会議が一八一四年に開かれるが、その隙にナポレオンはエルバ島を脱出した。彼は帝位に返り咲くも、一八一五年のワーテルローの戦い（the Battle of Waterloo）でウェリントンやブリュッヒャーが率いる英普連合軍に大敗し、再び退位した。ナポレオンはセント・ヘレナ島に配流され、そこで亡くなる。フランス本土ではブルボン朝

（ルイ十八世）が復活した。

本講終盤では、自由主義と国民主義の展開を、具体的にはウィーン会議から諸革命までを検討する。オーストリア外相のメッテルニヒ（Metternich）が司会を務めたウィーン会議（Vienna Congress, 一八一四―一五年）は、ナポレオン戦争で混乱したヨーロッパの戦後処理のために開かれた国際会議である。この会議は、フランス外相のタレーラン（Talleyrand）が唱えた正統主義（革命前の状態への復帰）を基本原則とした。ゆえにフランスは僅かな犠牲を払っただけで済んだ。オーストリアは北イタリアを獲得し、ロシア皇帝はポーランド王を兼ね、プロイセンは領土を東西に拡張した。英蘭も植民地の領有や土地併合を認められる。そしてドイツでは、普墺以下三五の君主国と四自治市からなるドイツ連邦が組織された。

このようにウィーン会議の体制、ウィーン体制は、保守反動の空気に支配された。保守的な同体制に対し、フランス革命とナポレオン支配でめざめた自由主義や国民主義（ナショナリズム）の精神は、諸国民のなかですぐ反抗運動をひきおこす。たとえばドイツの学生同盟やイタリアの秘密結社カルボナリの反体制運動、ロシアのデカブリストの乱などがあげられる。これらの反乱に対し、メッテルニヒは次のような同盟を抑圧に利用した。ロシア皇帝が主唱し、キリスト教精神に基づき各国が加盟した平和維持のための連帯である神聖同盟や、実効力のある軍事的・政治的同盟であった「四国同盟」（英露普墺。一八一八年にフランスも入り五国に）である。だがこれらによる抑圧も、徐々に効かなくなってくる。

たとえばラテン・アメリカでは、アメリカ合衆国の独立やフランス革命（「大西洋革命」）に触発され、独立運動が広がった。ブラジルがポルトガルの支配から、その他の中南米諸国がスペインの支配から独立していく。なかでも、今日のベネズエラやコロンビアなどの独立を指導したシモン・ボリバル（Simon Bolivar）が特に有名である。これらの独立運動に対しメッテルニヒは干渉を試みたが、米英両国の反対にあう。合衆国大統領モンローが一八二三年のモンロー宣言（the Monroe Doctrine）で新旧両大陸の相互不干渉を唱え、イギリスも新市場の開拓を狙って中南米諸国の独立を認めたからである。そのため、メッテルニヒの干渉の企ては失敗した。

ヨーロッパでも、ナポレオン以後に即位したルイ十八世やシャルル十世は、革命の経過を無視し、反動的な政策をフランスで再び採用する。そこで一八三〇年にパリで七月革命が起こり、シャルルは追放され、自由主義者として知られていたルイ・フィリップが王として迎えられた（七月王政、the July Monarchy 開始）。王政ではあったが、フランス革命のやり直しが始まったと言えよう。西欧各地への影響例としては、ベルギーがオランダから独立し、立憲制の王国を建国したことがあげられる。

フランスでは一八三〇年以降も産業革命が進み、資本家の力が増大すると共に、社会主義者の反政府運動が生じてくる。たとえば、有権者が総人口の一％に満たない制限選挙に対する選挙法改正要求が出された。しかしこの要求は退けられる。そこで、一八四八年二月にパリで暴動が発生し（二月革命、February Revolution）、国王はイギリスへ亡命して、共和政の臨時政府が成立した（第二共和政）。臨時政府内では共和主義者と社会主義者が対立したが、前者が勝利する。そして同年末の大統領選挙でナポレオンの甥のルイ・ナポレオンが当選した。彼は一八五二年の国民投票で皇帝となり、ナポレオン三世（Napoleon III）と称す（第二帝政）。国民の人気取りのため彼は、多くの外征（クリミア戦争やイタリア統一戦争など）をおこなうが、一八七〇年の普仏戦争に敗れて退位した（第I部第十一講参照）。

二月革命の影響でウィーンでは一八四八年三月に暴動がおこり、メッテルニヒは追放され、ウィーン体制は崩壊した（三月革命、Märzrevolution）。同じ頃ベルリンでも暴動がおこり、憲法発布がプロイセンで実施される。加えてドイツ統一を目的としたフランクフルト国民議会が開かれたが、これは失敗した。プロイセン中心でオーストリアを除く小ドイツ主義と、オーストリアも含む大ドイツ主義が対立し、前者が勝利を収めた。しかし肝心のプロイセン王自身が帝冠を拒否し、前者の構想に基づくドイツ統一を拒んだからである。

参考文献

屋敷二郎『フリードリヒ大王　祖国と寛容』（世界史リブレット人55）、山川出版社、二〇一六年。同書の八六－八七頁によると七年戦争（一七五六－六三年）は、近年の歴史研究において第一次世界大戦に先立つ「最初のグローバルな紛争」と称される。七年戦争では、英仏露を巻き込んだ普墺の死闘が、ヨーロッパで展開されただけではなかった。インド（プラッシーの戦い）や北アメリカ（フレンチ・インディアン戦争）において、イギリスの対仏優位が確定された戦争でもあったからである。

第十講

現代史の出発点――十九世紀の功利主義と自由主義

前講では歴史を主に取り扱ったので、本講では思想に注目していこう。序盤では功利主義（utilitarianism）、中盤では組織化の政治学、終盤では自由主義を取り上げる。ではまず、ジェレミー・ベンサム＊（Jeremy Bentham, 一七四八―一八三二年）やジェームズ・ミル（James Mill, 一七七三―一八三六年）ら功利主義者の見解を検討する。

彼らの政治的主張の背景には、次の二つの前提があった。①万人は、政治の主体たりうるための「理性」を、平等に与えられているという楽観主義（optimism）。②しかし理想社会がいまだに到来しないのは、民衆が劣悪な環境下に置かれているためだという環境決定論（Environmental determinism）。これらをそのまま認めると、人間の意識から「内省」を完全に排除し、「感覚」（feeling）しか残さないことになる。ゆえに人間の意識は、外界からの刺激で自由に操作しうることにもなる（現代の nature, nurture 論争に言及）。このように疑問が残る前提だが、これらに基づく功利主義者、たとえばミルは、教育改革を重視した。なお、功利主義が目標とする合理的人間とは、記号操作能力や計算能力としての理性の持ち主であった。ホッブズの機

＊ジェレミー・ベンサム（一七四八―一八三二年）
彼も、後述のJ・S・ミルと同様に神童であった。ベンサムは十二歳でオックスフォード大学に進学し、十五歳でロースクールに入った。十九歳で司法試験に合格したが弁護士にはならず、道徳哲学と法学に人生を捧げたのである。

械論的な哲学に回帰したようにも思える。

そして功利主義によれば、「社会とは、いわばその成員を構成すると考えられる個々の人々から形成される擬制的な（fictitious）団体」だとされる。普遍論争的な表現を使えば、「唯名論的社会観」（Nominalistic view of society, ベンサム）であった。だがこの唯名論は、政治権力が定める法律という実体的な基礎がある場合だけ人々の権利を認めるため、社会契約説を支えた自然権を破壊するものであった。当然、ロックが認めた国民の抵抗権や革命権も否定される（第Ⅰ部第八講参照）。そこで哲学的急進派と呼ばれたベンサムは、自然権の名で行われたフランス革命まで激しく非難した。自然権の破壊が、自由主義の破壊に及んだように見えよう。

では、功利性の原理とは何だろうか。功利主義者によると、人間を行動に駆り立てる動機は、快楽（「善」）を求め、苦痛（「悪」）を避けようとする人間の性向であった（快楽主義的人間観（Hedonistic human view））。快楽が苦痛より大きければ善、かつ個人的利益になる。それゆえ「社会的」利益とは、「社会」構成員の個人的利益の単純な総和ということになる。したがって為政者の任務は、「社会」構成員各人の快楽を最大に、苦痛を最小にするように配慮しつつ、「社会」全体の善、快楽の最大限の実現をはかることになった。これが有名な「最大多数の最大幸福の原理」（the greatest happiness of the greatest number）である。そしてこうした「社会」で合理的人間を育てるには、人に苦痛を与える悪である法的強制も最小限にすることが必要となる。ここから、法や国家の役割をできるだけ小さく抑える自由民主主義的国家論がベンサムとミルによって示された。意外な結末である。

以上のような功利主義にも、次のような問題点は残された。まず、①の平等主義的な人間観では、人間の理性は認めるが、その内省や内面的自由を喪失させることになりかねない。次に、内面性を失って原子化された人間は、統治者により意のままに操作される危険を常に孕む。それゆえ功利主義に基づく政治は、科学的エリートによる合理主義的な統治、つまり近代的な独裁に陥る危険を常にもつ。最後に、「最大多数」の幸福が追求されれば、個人への配慮があったとしても、少数派の権利が結局尊重されなくなる（マイケル・サンデル）。こうした三つの問題点がひとまず挙げられよう。

本講中盤では、組織化の政治学、なかでもサン・シモン（Saint-Simon, 一七六〇―一八二五年）とコント（Auguste Comte, 一七九八―一八五七年）の思想を考えよう。

サン・シモンは、統治の基礎としての人間科学を作ろうとし、人間の精神活動を、神経や脳における物質的運動の結果と考え、それを生理学の対象と捉えた。その結果、（生理学のような）自然科学が宇宙のすべてを説明する「物理学的世界観」（physicisme）が、精神的紐帯や社会秩序の維持まで提供すると説く。デカルトの機械論（第I部第八講参照）に似た発想だと考えられよう。そして当時の統治についてサン・シモンはこう考える。本質的に産業的な現在の社会では、産業者こそが政治的支配者になるべきである。ゆえに政府の役割は、生産活動の効率化、つまり「産業的管理」（Industrial management）に集中すべきだ。「管理」への移行の結果、古い権力関係は消滅するだろう、と。ただ、産業社会を管理するエリートはいなければならないので、科学的エリートが専制的にふるまう危険性は残りうる。結果的に、功利主義と同じ問題点が残る可能性はあったと言えよう。なおサン・シモンは、空想的社会主義者の一人としてもよく言及される（第I部第十一講参照）。

一方コントは、サン・シモンを批判しつつ社会物理学・社会学の建設に着手した。コントによれば、サン・シモンの「社会」は機械にすぎず、唯名論的である。しかし、実在するのは社会の方だ。そしてその模範は、諸個人相互の有機的連帯を保証する精神的権威が、世俗権威より上であった中世カトリック社会である。したがってコントにとっての至上課題は、組織化の極限に「社会有機体」（Social organism）を生み出すこと、機械をより精巧なものにすることで、それをいわば生き物へと変えることとなった。なお、社会有機体のモデルは家族である。どこか、東洋の修身・斉家・治国・平天下という発想を彷彿させよう。

以上のような合理主義的な統治の問題点は、前述のように功利主義の問題点と相通ずるところがある。とりわけサン・シモンの機械的な管理国家像では、エリートによる管理の下、人間は言論の自由を失いかねない。その結果、人々が意見を交換する実践的な領域である「政治」自体が破壊されるだろう。「政治」とは、「けっして唯一かつ普遍的な真理があるとはいえない人間の行為にかんする最良の選択肢を求めて、人びとが意見を交換する実践の場」（小野紀明）だからである。

本講終盤では、前述のような功利主義や組織化の政治学に対し、自由主義がどう再生したかを考えてみよう。ここでは主に、功利主義者のジェームズ・ミルの息子、ジョン・スチュアート・ミル（John Stuart Mill, 一八〇六―七三年）に注目する。彼の最も有名な言葉の一つとして、「満足した愚者であるより、不満足なソクラテスであるほうがよい」があげられる。

功利主義的な教育を幼少期から父に施された神童ジョン・スチュアート・ミルは、次のような功利主義への疑問を抱くようになる。人間を行動へと駆り立てるのは、功利主義的な計算能力ではなく、非合理的な感情ではないか。そして（イギリスのロマン派詩人の影響を受けつつ）、この非合理的な感情こそ、能動的で強固な自我の核心をなすのではないか、と。ところがミルは、功利主義の部分的な修正にとどまったとされる。たとえば彼は、快苦の感覚に質的な差異を認めて、政府の役割は「質的に高い快楽、つまり道徳的善、（良心の）正義を樹立すること」だと考えた。その上で彼は、社会を成立させているものは同胞と一体化したいという欲求、つまり「同感（sympathy）」という非合理的紐帯（Irrational ties）だと捉える。

特にミルが功利主義と対立したのは、環境決定論をめぐる論点であった。ロマン主義から個性の尊重をも学んだ彼は、人間の性格が、環境と道徳的自由の感情の相互作用で形成される、という折衷的立場を採用する（「性格形成学」）。前述の nature, nurture 論争の結論に似た彼の立場は、極めて現代的なものであったと言えよう。その結果、人間の道徳的自由と個性を擁護することが彼の自由主義の要点になったのである。

そうなるとミルの自由主義の敵は、個性を圧殺する①科学的エリートの専制と②多数者の専制ということになる。これら二つの敵に対し、どう対処すべきであろうか。

まず、①の科学的エリート専制になると、道徳的自由を失い、精神的に受動的な人の群れが出現するだろう。そうさせないためのミルの対策は、普通選挙による代議政治であった。普選による代議政治を採用できれば、投票という最小限の公的機能を担わせることで個人の道徳的自由（政治権力への自由）を確保し、養うことができるからである。

次に民主主義社会の危険の一つ、②多数者による少数者の専制的な支配、に注目しよう。これにはミルだけでなく、彼の知人のアレクシス・ド・トクヴィル（Alexis de Tocqueville. 一八〇五―五九年、主著『アメリカの民主政治』）も気付いていた。露骨な暴力を用いない多数者の専制は、人間の意識そのものを大勢に順応・同調する方向へ知らぬ間に導くため、道徳的自由にとって①より危険であった。そして多数者による一元的な価値に基づく支配は、孤立化した個人を生み出し、個々人は自分の殻に閉じこもるようになる。そうして原子化され、画一化された各個人の群れの背後に、それを後見する中央集権的権力がそびえ立つと、多数者の専制は、奇妙にも、一握りの人間による独裁へと転化しかねない。そこでトクヴィルは、個人の自由を守る一案として、各個によるさまざまな自発的結社（Voluntary association）への参加を提示した。結社のなかで個人は市民へと成長し、政治的主体としての資格を取り戻せるかもしれないからである。

最後に、次講にも関係がある社会主義思想の展開について、概説的なまとめを付しておく。産業革命後の労働者の生活は悲惨なものだったので、イギリスの工場主ロバート・オーウェンは彼らの待遇改善や組合設立に尽力し、アメリカで共産社会建設を試みたが失敗した。フランスでも、労働者を保護する新社会秩序の樹立をめざしたサン・シモンやフーリエがいる（「空想的社会主義」）。また生産の国家統制を主張したルイ・ブランや、無政府主義者のプルードンらもいた。一方、ドイツ生まれのマルクス（Karl Marx）は、資本主義体制の没落が歴史の必然だとする経済学説を展開する（『資本論』や「共産党宣言」。後者は友人のエンゲルスと共に発表）。「科学的（学問的）社会主義」（wissenschaftlicher Sozialismus）を彼らは自称し、以後の社会主義運動に大きな影響を与えた、とされる。

参考文献

小笠原弘親・小野紀明・藤原保信『政治思想史』有斐閣（有斐閣Sシリーズ）、一九八七年、二三一—二五五頁。

マイケル・サンデル『ハーバード白熱教室講義録＋東大特別授業（上）』ＮＨＫ「ハーバード白熱教室制作チーム」小林正弥・杉田晶子訳、早川書房、二〇一〇年。

Ｊ・Ｓ・ミル『アメリカの民主主義』山下重一訳、未来社、一九六二年。

第十一講

社会主義の衝撃——マルクスからレーニンまで

前講では、「最大多数の最大幸福」というベンサムによる有名な施政方針を含む十九世紀前半の功利主義を検討した。この功利主義以降、サン・シモンによる産業の「管理国家」像や、コントが提唱した「社会有機体」説が出現する。しかしその反面、自由主義も再生し、功利主義者ジェームズ・ミルの息子ジョン・スチュワート・ミルは、人間の、非合理的だが「道徳的自由」の感情を擁護した。なお、産業者による管理国家を唱えたサン・シモンは、初期の空想的社会主義の一人と見なされる。

本講序盤では、サン・シモンやフーリエ、ロバート・オーウェンらの空想的社会主義を超克したとされる科学的（学問的）社会主義（wissenschaftlicher Sozialismus）を考えよう。まず、＊カール・マルクス（Karl Marx, 一八一八—八三年）とエンゲルスの思想を検討し、その後に政治家でもあったレーニン（Nikolai Lenin, 一八七〇—一九二四年）の思想を取り上げたい。

「マルエン」と称されることもあるマルクスとエンゲルス、特にマルクスは、市

＊カール・マルクス（一八一八—八三年）
彼が創始した科学的社会主義は、二十世紀を通じて世界に大きな影響力をおよぼしたが、矛盾が無くはない。「共産党宣言」で彼は「万国の労働者よ、団結せよ」と呼びかけたが、経済的下部構造に歴史発展の原動力があるのなら、資本主義を倒すため、労働者に呼びかける必要はないはずだからである。

民革命の限界を指摘する。近代の市民革命による政治的解放は、人間の人間的解放ではなく、差別の温存だ、と。なぜなら市民革命は、私有財産などの市民社会的な諸要素を国や政治から解放したが、そのためかえって、これらの要素を個人の恣意に「丸投げ」したからだ。その結果、市民の間に物質主義や利己主義、拝金主義がはびこることになる。ゆえに差別の撤廃と人間の真の解放は、市民社会とその原理を止めて高めること（「止揚」Aufheben）のみによる。そうした止揚の担い手として、ブルジョアに対抗するプロレタリアート階級（proletariat, 労働者階級）をマルクスは発見した。

次に彼は、労働者の疎外（Entfremdung）の問題に直面する。労働こそ人間の本質に属すものだが、私有財産制では、次の諸問題が発生するだろう。①労働生産物は資本家に帰属するので、労働者は生産物から疎外される。②生産物から疎外されると、労働自体が働き手にとって外的な強制労働となるので、労働者は労働から疎外される。③その結果、労働はたんなる肉体的存在のための手段となり、労働者自身の存在確証の場ではなくなる。これを彼は類からの疎外（「アイデンティティ喪失」）と表現した。④最終的に働き手各人は、アイデンティティを失った自分をも含む人間そのものから疎外されることとなる。それゆえ、これらの疎外を止揚する運動が共産主義だと彼は考えた。とはいえ、このような考えだけだと共産主義は単なる「否定の否定」で、いまだ弁証法的解決（「ジンテーゼ」）には至らず、非科学的・非学問的なままである。

そこで彼ら（マルエン）は、唯物史観（the materialistic conception of history）を共同執筆の書物で示していく。これまで、道具を中心とする「生産力」の発展に、一定の分業と所有の形態、つまり「生産関係」が対応してきた。すなわち人間は、（自己の意志とは無関係の）物質的な「生産力」と、その発展に対応する「生産諸関係」を取り結んできたのだ。この関係を、経済的下部構造（economic substructure）と彼らは命名した。その上で彼らは、こうした「生産力と生産関係との矛盾」（生産と所有との矛盾）のうちに、歴史発展の原動力があると断言する。最終的には、社会移行のための革命不可避論も含む、階級闘争論や階級国家論へと彼らは至る。

この階級闘争に入るにはどうすべきか。以下では、マルクスの著作のなかでも最も有名な『資本論』で論じられた資本主義崩壊のメカニズムを検討する。本講でも極めて重要な箇所なので、神経を集中して理解してもらいたい。

資本家は、機械導入などの技術革新（technological innovation）を通じて、安く能率的に生産して競争に勝とうとする。つまり、設備投資（investment in plant and equipment）が人件費（labor costs）よりはるかに大きくなる。それゆえ失業者が増大し、労働者の窮乏化（fall into poverty）が生じることになる（窮乏化への抵抗例としてラッダイト運動という機械打ちこわし運動が、その例外としてフォード社方式があげられる）。

機械化を通じ、商品の大量生産（mass production）が達成されるが、その反面、労働者の窮乏化のため、人々の購買力も低下（purchasing power declined）していく。すなわち、過剰生産・過少消費という「需給バランスの崩壊」（supply-demand balance collapse）が生じるだろう。その結果、資本主義は大恐慌に陥るのではないかと『資本論』は解説した。この説明は、一九二九年の世界大恐慌を予言したようにも思える。

こうして、資本主義の矛盾が深化していくなかで、組織化された労働者の抵抗力が増大していくだろう。その結果、労働者階級が資本家から権力を奪い、社会主義革命を実現していくだろうとも『資本論』は予言する（ただしこうした『資本論』の予言は、むしろ資本家に読まれ、警戒された。フォードのような資本家は、用心して労働賃金を下げ過ぎないようにしたのだ。同書がもたらした逆の意味での「アナウンスメント効果」であった）。

ところでマルクス主義理論によれば元来、社会主義革命は、資本主義が最も高度に発達して矛盾を露呈した国に起こり、それが世界に波及するはずであった。しかし、革命が最初に成功したのは、資本主義の遅れたロシアにおいてであった。これはなぜなのか。それを説明する手段の一つが帝国主義（imperialism）となる。ではここから、「マルエン」を敷衍したレーニンのロシア革命（一九一七年）までの思想を概観しよう。

レーニンによれば、帝国主義とは「独占段階の資本主義」であって、資本の独占・集中だけでなく金融資本の成立も見られるものであった。この段階の資本主義は、国内の過剰生産を回避しつつ利潤をあげるため、商品や資本を輸出する。そのため、後進国の植民地化や、そうした植民地を獲得するための戦争、つまり帝国主義戦争も避けられなくなる。しかし、この戦争を内乱に転化すれば、革命を起こす可能性が出てくる（例、日露戦争）。それゆえ資本主義の不均等な発展のなか、その矛盾が集約する弱い資本主義国でも、帝国主義戦争をすれば革命の可能性が生じるだろう。このように彼は考えた。

またレーニンにとって国家とは、資本階級による賃労働搾取の道具（「階級支配の機関」）であった。ゆえに被支配階級の解放には、そうした国家の権力装置、常備軍と官僚制の廃絶が必須である。したがってプロレタリアートは、既存の国家を粉砕し、まったく新しいものに置きかえるべきだ。つまり革命を、ひいてはプロレタリア独裁を彼は説くこととなった。歴史上の例としては、普仏戦争期のパリ・コミューンや、日露戦争期の第一次ロシア革命のソヴィエト（soviet）があげられよう（本講の中盤や終盤で後述）。

本講中盤では、社会主義の背景・結果としての旧大陸史を、十九世紀後半から検討する。

まずドイツの統一を通時的に確認しよう。一八四八年の三月革命時、ドイツ北方の王国プロイセンは、オーストリアを除く小ドイツ主義に基づくドイツ統一を要請されるも辞退した。そのプロイセンでは、ヴィルヘルム一世が国王に即位し、ビスマルク*（Otto von Bismarck, 鉄血宰相）を首相に任じた。ビスマルクは、（要請ではなく）武力によるドイツ統一をめざし、軍備を拡張（「鉄血政策」、blood-and-iron policy）する。一八六四年にプロイセンは、オーストリアと同盟してデンマーク戦争に勝ち、シュレスヴィヒ・ホルシュタイン両州を奪う。一八六六年にはこの両州の処分に関して

＊オットー・フォン・ビスマルク（一八一五―九八年）
普仏戦争で彼は、英露両国の介入を防ぐことで戦争の局地化に成功した。また彼は、南ドイツの諸邦を対仏戦争に参加させることに成功したので、「独仏戦争」と呼ぶ方が適切だと最近は考えられている（飯田洋介『ビスマルク　ドイツ帝国を築いた政治外交術』中央公論新社（中公新書）、二〇一五年、一四六頁）。

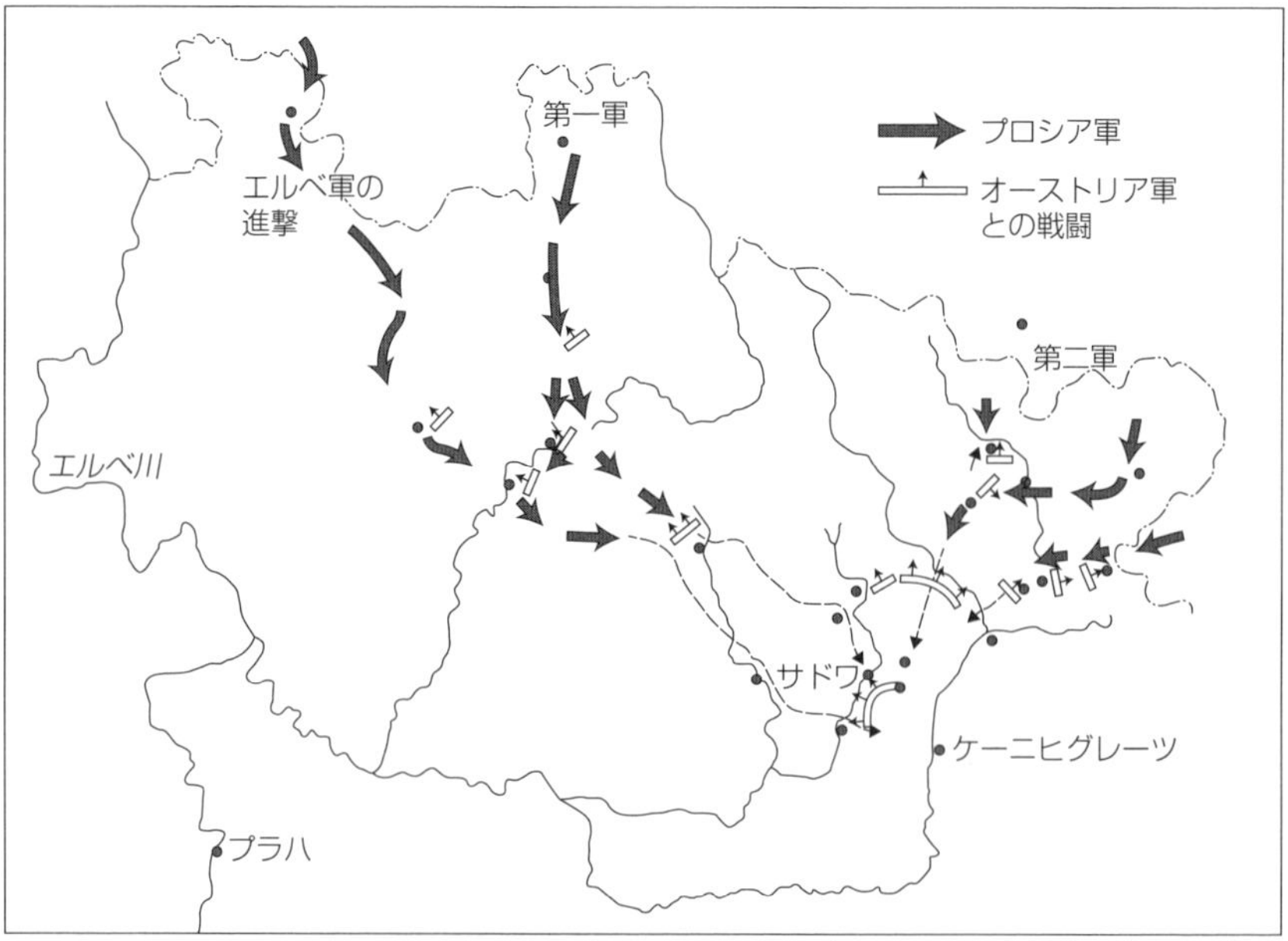

1866年の普墺戦争　ボヘミアの戦場地図

黒線がプロシア軍の行軍状況で，白線がオーストリア軍の布陣．

出典：Dennis E. Showalter, *Railroads and Rifles: Soldiers, Technology, and the Unification of Germany*, Archon Books, 1975, p. 74.

オーストリアともめて、普墺戦争（七週間戦争）（the Austro-Prussian War; the Seven Weeks' War）でオーストリアを破る（地図参照）。翌年にプロイセンは北ドイツ連邦を形成し、オーストリア＝ハンガリー帝国と称した。結果的にプロイセンは、小ドイツ主義に基づくドイツ統一を着実に進めたと言える。

このようなプロイセンの強大化を恐れたフランスは、スペイン王位の継承問題を契機にプロイセンに宣戦布告した。一八七〇年の普仏戦争（the Franco-Prussian War）の勃発である（最近では独仏戦争ともいう）。だが、エムス電報事件以来、戦備の整ったドイツ陸軍は快進撃し、フランス皇帝ナポレオン三世（Napoleon III）本人をセダンで捕虜にした。翌一八七一年にパリを包囲したドイツ軍にフランスは降服する。フランスはアルザス・ロレーヌ両州をドイツに割譲し、賠償金も支払った。プロイセン王ヴィルヘルム一世は、その直前の一八七一年初頭に敵地のヴェルサイユ宮殿でドイツ皇帝の位を兼任し、ドイツ帝国（「第二帝国」）が成立したのである（なお、第一の帝国は神聖ローマ帝国、第三帝国はナチスのもの）。

こうして成立したドイツ帝国は連邦制で、帝国議会では普通選挙が採用されたが、議会は政府に対し無力であった。なかば独裁的な権力をふるった帝国宰相ビスマルクは、中央党を組織して政府に反対した南ドイツのカトリック教徒の抑圧を試みる（「文化闘争」）。また彼は、社会主義勢力の進出を抑えるため社会主義者鎮圧法（Sozialistengesetze, the Anti-Socialist Law）を制定した。以上の内政が鞭と言えよう。一方で彼は、労働者の歓心を買うため、災害・疾病・養老保険などの社会政策（social policy）も実施した。これが内政面の飴に当たる。外交面では、フランスの復讐に備えてドイツは諸外国と同盟を結ぶ。一八七三年の三帝同盟（独・墺・露）や一八八二年の三国同盟（独・墺・伊）などがその例である。また一八七八年のベルリン会議でビスマルクは、ドイツにとっては共に同盟国であったオーストリアとロシアの関係悪化を調整した。

同時代のフランス第三共和政について瞥見しよう。一八七一年にドイツ軍により首都パリを開城させられたフランスでは、共和派のティエールを首班とする臨時政府がヴェルサイユに成立した。しかし社会主義者は市民を指導してこれに反抗し、自治政府（民衆による独裁）を一時的に樹立した。有名な「パリ・コミューン」（Commune de Paris, the Paris Commune）である。だが、パリ・コミューンの革命は、ドイツ軍と臨時政府軍によりすぐ鎮圧される。その結果、ティエールらによる第三共和政が一九四〇年まで続くことになった。

本講終盤では、帝国主義の世界的傾向と旧大陸の列強諸国を、十九世紀の第3四半世紀（一八七五年頃）から世紀転換期にかけて考察する。

帝国主義の世界的傾向を、まず簡単に概観する。十九世紀半ばからイギリスの産業革命や資本主義は、欧米各国に広がった。特にドイツやアメリカの資本主義の発展は、さまざまな新技術の開発を伴うので、第二次産業革命（the Second Industrial Revolution）と呼ばれる。そこでは電力・石油などの新しいエネルギー源を使い、鉄鋼業や重化学工業など重工業部門が発達した。そのため新商品が大量生産され、企業の集中独占（カルテル・トラスト（trust）・コンツェルン）が促される。また金融資本も登場した。したがって、自国商品の市場や新資源の供給地、余剰資本金の投与地として植民地（colony）の重要性がいっそう高まる。帝国主義列強が自国の植民地を求めて相互に争い、世界分割へ邁進したのであった。

次に旧大陸の列強諸国のなかでも、産業革命の進展は遅れたが、海外投資や金融業は活発だったフランスを検討する。一八七一年の普仏戦争の敗北後、フランスでは対独復讐心が強まり、右翼や軍部の陰謀であるブーランジェ事件やドレフュス事件（the Dreyfus Affair）が起こった。前者は、元陸相のブーランジェが右翼に支持されて政権奪取を狙うが、失敗して自殺した事件である。後者は、ユダヤ系のドレフュス大尉がドイツのスパイとして軍法会議で終身刑を宣告されたものの、文豪ゾラなどの世論の反撃で再審され無罪になったものだ。とりわけ十九世紀末の後者の事件で軍部は信用を失い、一九〇五年には統一社会党が生まれることになった。一方、外交面でフランスは、対独敵意から一八九一年の露仏同盟（the Russo-French Alliance）や一九〇四年の英仏協商（the Entente Cordiale）を結成した。これらが、後の三国協商（The Triple Entente Cordiale）の基礎を形成したのである。

フランスに敵視されたドイツでは、新皇帝ヴィルヘルム二世と意見があわず、一八九〇年にビスマルクが引退した。だがドイツの資本主義はめざましく発展し、製鉄・化学工業ではイギリスをしのぐ勢いを見せる。また、新皇帝は軍備、特に大海軍を建設してイギリスに対抗しようとした。この積極的な帝国主義政策は「新航路政策」と呼ばれる。一方、帝国内では専制的な政治体制が続いていたので、かえって社会主義勢力が増大した。分派していたラサール派と、ベーベルらのマルクス主義者らが合同し、党名の変更後、一八九〇年にドイツ社会民主党（Sozialdemokratische Partei Deutschlands, SPD）となる。同年ビスマルクの失脚と共に社会主義者鎮圧法が廃止されたので、社会民主党は議会内第一党になった。十九世紀末には党内でベルンシュタインが修正主義、つまり革命ではなく議会主義による社会改良を提唱した（ちなみにこのSPDは、ドイツで今なお存続する政党である）。

ドイツと同じく皇帝の専制政治が健在（一八六一年の農奴解放は例外）なロシアでは、一八九〇年代以降、フランス資本の援助もあり、資本主義が発達した。たとえば、シベリア鉄道（the Trans-Siberian Railway）の建設などがあげられる。しかし、ロシアの工業では労働条件が劣悪だったため、マルクス主義運動が広まっていく。プレハーノフやレーニン（Lenin）によってロシア社会民主労働党が結成された。一九〇三年に同党は、レーニン率いるボリシェヴィキ（Bolshevik）（多数派）と、プレハーノフ率いるメンシェヴィキ（少数派）に分裂した。そして一九〇五年に日露戦争の戦況が不利になると国民の不満が高まり、「血の日曜日事件」を契機として革命がおこる。この頃、労働者の評議会としてソヴィエトが結成され、兵士も後に参加する。こうした動向に対し皇帝は一時譲歩するが、後に再び反動化した。ただし、皇帝の譲歩で国会（ドゥーマ）は設置された。

参考文献

小笠原弘親・小野紀明・藤原保信『政治思想史』有斐閣（有斐閣Sシリーズ）、一九八七年、二六五―二八二頁。

レーニン『帝国主義――資本主義の最高の段階としての』宇高基輔訳、岩波書店（岩波文庫）、一九五六年。

坂井礼文「贈与型資本主義に基づいたコジェーヴの国家論――合衆国は「共産主義」の最終段階に到達したのか」『社会思想史研究』第三九号、社会思想史学会、藤原書店、二〇一五年、二二六―二四五頁。

第十二講

マックス・ヴェーバーと社会科学——唯物主義に抗する唯心主義

ここで取り上げるヴェーバーのいわゆる唯心主義は、前回前半のマルクスの唯物主義と対比して表現されたものである。ゆえにまず、マルクスの唯物思想の根幹、つまり『資本論』が説く資本主義崩壊のメカニズムを再度復習しよう。

資本家は、機械導入などの技術革新（technological innovation）を通じて、安く能率的に生産して競争に勝とうとする。つまり、設備投資（investment in plant and equipment）が人件費（labor costs）よりはるかに大きくなる。それゆえ失業者が増大し、労働者の窮乏化（fall into poverty）が生じることになる（窮乏化への抵抗例としてラッダイト運動という機械打ちこわし運動が、その例外としてフォード社方式があげられる）。

機械化を通じ、商品の大量生産（mass production）が達成されるが、その反面、労働者の窮乏化のため、人々の購買力も低下（purchasing power declined）していく。すなわち、過剰生産・過少消費という「需給バランスの崩壊」（supply-demand balance collapse）が生じるだろう。その結果、資本主義は大恐慌へ至るのではないかと『資本論』は解説した。この説明は、一九二九年の世界大恐慌を予言したようにも思える。

こうして、資本主義の矛盾が深化していくなかで、組織化された労働者の抵抗力が増大していくだろう。その結果、労働者階級が資本家から権力を奪い、社会主義革命を実現していくだろうとも『資本論』は予言する（ただしこうした『資本論』の予言は、むしろ資本家に読まれ、警戒された。フォードのような資本家は、用心して労働賃金を下げ過ぎないようにしたのだ。同書がもたらした逆の意味での「アナウンスメント効果」であった）。

このような社会主義のモデル重視的な考え方に対し、ヴェーバーは異なった姿勢をとる。彼は、「存在するもの」（事実認識）と「存在すべきもの」（価値判断）の区別を重視した。社会科学は、「存在すべきもの」（価値判断）を排除し、価値自由的であるものだと主張したのである。なぜなら現代は、価値観が相対化し、学界の長老らも含む「神々の闘争」しつつある時代だからである（ただしヴェーバーは、自分自身の価値観から出発しない「無前提」の学問はありえないとも考えていた）。

ではここから、ヴェーバーが説く資本主義の精神を、彼の著書『プロテスタンティズムの倫理と資本主義の精神』（『プロ倫』）を手がかりに検討しよう。本講の中心テーマとなる。ヴェーバーによると、現代の価値の相対化・多様化をもたらしたのは、（道教など）「世界の魔術からの解放」であった。この「魔術からの解放」を進めたのは、プロテスタンティズムで頂点に達した禁欲的合理主義精神であった。なかでもプロテスタンティズムの職業（Beruf）精神は、伝統的には嫌悪されてきた営利活動を解放し、それを倫理的・宗教的に正当化したのだ。この正当化の方法は、次の二つによる。

　まず一つ目の道。プロテスタンティズムの一つ、カルヴィニズムの予定説は、「神のおそるべき決断によって、救われる人間と救われない人間は、最初から予定されている」と説く。自分が救済されているか否かは、信仰では知りえないのである。よってこの教説は人々に、内面的孤立化の感情（Emotions of internal isolation）を生んだ。その後人々は、あらゆるものの神格化を徹底的に拒み、現世の冷静な認識（cool recognition）とその合理的な秩序化ができるようになったのだ。つまり、宗教的絶望感が逆に冷静さを生んだのである。

　次に二つ目。プロテスタンティズムの一つ、ルター派では、神の召命（Beruf）としての天職・職業を積極的・肯定的に評価していた。そして、これに成功すれば、救われている証拠だとカルヴァン派で考えられた。そこで、救われているという確信を得るための一番優れた方法として、絶えざる職業労働（continuous occupational labor）が厳しく教えこまれる。ここから結果的に、現世における勤勉、質素、倹約（diligence, simplicity, thrift）といった創成期資本主義の精神（エートス）が形成された。すなわち、宗教上、希望をもつために厳しい労働を拒まないところから資本主義精神が生まれたのだ。

　このようにプロテスタンティズムの倫理から資本主義の精神が生まれてきたとしても、資本主義が発展すると、禁欲精神は不要になってくる。宗教のための営利（金もうけ）が、営利のための営利になり、消費や快楽すら美徳になりかねないのだ。

したがって資本主義は、あらゆる人を歯車として強制的に巻きこむ巨大なメカニズム、つまり「鉄の檻」になるだろう。そして「鉄の檻」に巻きこまれた人々は「精神なき専門人」（大学教師も含む）に堕すであろう、とヴェーバーは慨嘆した。それゆえ「生の意義」とは何かを、（古代のソクラテスやプラトンにまで立ち返って）学者も考えるべきだと山室信一は述べている。

なおヴェーバーは、合理化についても、合目的的な過程が進みすぎると、官僚制のように人間関係が即物的になりすぎ、世界から価値や意味まで失われると苦言を呈する。唯物主義（materialism）に対する批判に近似しているように思われる。

では最後に、ヴェーバー*が考えた政治の世界について検討を進めよう。彼の著作『職業としての政治』では、次のような諸定義がなされていた（第Ⅰ部第四講に前述）。

国家の定義：「近代国家とは、ある地域内で支配の手段としての正当な物的暴力性（強制力）の独占に成功した組織的な支配団体」。

政治の定義：「『政治』とは……、権力の分け前にあずかり、あるいは権力の分配に影響を及ぼそうとする努力である」。

（なぜなら、価値観が相対化した「神々の闘争」時代、政治は、多様な価値をもった人間の個々の価値を実現するための手段として、権力闘争の場となるからである。）

しかしヴェーバーは、政治権力が存在する理由を、（権力がもつ）物理的強制力へ

＊マックス・ヴェーバー（一八六四―一九二〇年）
彼によるとアメリカの選挙ブローカー（「ボス」）は、得票の最大化を目指して組織化を進める。この組織化の進んだ政党組織を彼は「マシーン」（第Ⅱ部第四講に後出）と表現した（野口雅弘『マックス・ヴェーバー――近代と格闘した思想家』中央公論新社（中公新書）、二〇二〇年、一一九―一二〇頁）。

の人々の恐怖感ではなく、被治者側の一定の服従意欲に見出した。この観点から彼は、政治権力の正当性の問題へと関心を移す。彼が導き出した支配形態の三理念型は、伝統的支配、カリスマ的支配、合法的支配（legal control＝近代国家）の三つであった。以下では最後の合法的支配（古い訳書では「依法的支配」とされている場合もある）、近代国家について触れておく。

近代国家における合法的支配の二つの制度としては、議会制と官僚制があげられる。だが官僚制は、ヴェーバーによると何もかも無意味にし、独裁的になりかねない。よって彼は、そうした官僚制を制御しうるものとして議会政治家（parliamentary politician）に期待した。政治の世界では結果が問われるので、政治決定の結末に対する鋭い洞察力と、合理的な手段の選択ができることまで彼らに要求する。つまり彼は、責任倫理（responsible ethics）を政治家に要請したのである。「結果に対し責任をもて！」という厳しい要求であった。

参考文献

小笠原弘親・小野紀明・藤原保信『政治思想史』有斐閣（有斐閣Sシリーズ）、一九八七年、二八五―二九四頁。

仲正昌樹『マックス・ウェーバーを読む』講談社（講談社現代新書）、二〇一四年。

佐々木博光「マックス・ヴェーバー説の現在――批判的考察の射程」『西洋史学』第二六六号、日本西洋史学会編、二〇一八年、五九―七〇頁。なお、イングランドのピューリタンの日記を検証した最新研究によると、信者の信仰生活に二重予定説が占める比重は、意外に小さかったようだ。また、ヴェーバー説に好意的な現在の改革派信者でも、「われわれは神の判断に不安をもってはいない」と言う。

今野元『マックス・ヴェーバー——主体的人間の悲喜劇』岩波書店（岩波新書）、二〇二〇年。今野も、ヴェーバーは神学思想研究ではなく、佐々木の提案のような社会史研究をすべきだったと問題提起する。

第Ⅱ部 欧米の歴史・文化

第一講

はじめに——アメリカ史学史の流れ

本講では、アメリカ人研究者による自国史解釈の変遷、つまりアメリカ史研究の歴史的変遷、アメリカ史学史の流れを確認しておこう。

十九世紀後半のアメリカの歴史学界では、ドイツの歴史学の影響（German Impact）が大きく、「政治史」が重視されていた。その例として、ハーバート・バクスター・アダムズがあげられる。彼は、ボルティモアのジョンズ・ホプキンス大学歴史学科のゼミナール室に「History is past Politics and Politics present History」という標語を掲げていたくらいである。なお、こんにちではゼミとも略称されるゼミナールとは、一八八〇年代にドイツの大学からアメリカの大学に導入された教育法であった。ゼミであれ講義であれ、研究に没頭する教師の後姿を見せることが最大の教育だ（フンボルトの理念）、と暗黙のうちに考えられていたのだ。ちなみに研究に対する厳しい姿勢は、一八八〇年代のハーバード大学で「出版さもなくば自滅政策（publish or perish policy）」が唱えられていたことにも表れていた。

一八九〇年代に入り、人口希薄地帯のフロンティアが消滅すると、その役割を重視する「フロンティア学説」がフレデリック・ジャクソン・ターナーによって主唱された。彼は、フロンティアこそ、アメリカに特有の民主主義を育んだと考える。なおこの考えを示した「アメリカ史におけるフロンティアの意義」という彼の有名な論文は、もはやフロンティア・ラインは存在しないと告げられた一八九〇年の国勢調査の三年後に発表されたものであった。ゆえに彼は、フロンティアの消滅によって、それまで理想視してきた自営農による民主主義が、今後なくなると悲観的であったようだ（ちなみにターナー自身は、研究者としての活動を二〇世紀に入っても続け、「アメリカ史におけるセクションの意義」という講演を一九二五年におこなっている。前述の論文と似たようなタイトルの講演ではある）。

二〇世紀初頭になると、歴史における経済の役割を重視する「革新主義史学」が、ビアード夫妻らによって展開される。たとえば夫のチャールズ・ビアードは、『合衆国憲法の経済的解釈』（一九一三年発表）で学界に鮮烈に登場し、次のように説いた。従来、合衆国憲法は、愛国的な「建国の父たち」によって起草されたものだと美しく描かれてきた。しかし実は、合衆国憲法といえども、アメリカ独立革命の上層にいた地主階級の経済的利害が反映されたものだったのだ、と。このようにビアードは、既存のエリートを批判的に検証する際に、経済的な視点を歴史学にもちこんだ（ただし彼は、第一次世界大戦後、前段のターナーや後段のコンセンサス学派寄りになり、学説の日和見性が目に付くようになるが。捉えようによれば、特定の学説に固執しない柔軟さの現われだ、とも言えよう）。

そして、二度の世界大戦を経て一九五〇年代に入ると、アメリカの歴史における合意の存在を重視し、アメリカ史に肯定的な「コンセンサス学派」が現れた。たとえば、リチャード・ホーフスタッター（ホフスタターとも。Richard Hofstadter）やダニエル・ブアスティン、ルイス・ハーツらがその担い手である。前二者については本書でも言及しているので、ここではハーツの『アメリカ自由主義の伝統』を手がかりに、同学派の特徴を概観しよう。独立革命時のアメリカには封建制がなかったので、中産階級は、貴族や労働者に挟撃されることなく革命を達成できた。しかし革命後、頼るべき階層がいないことから、中産階級のなかで自由主義の左右両派間の政争が続く。二〇世紀に入っても闘争相手の「封建制」が弱いため、ヨーロッパに比べてアメリカの社会主義は相対的に孤立したままで、自由主義がただプラグマティックに受容されたのであった。このようにハーツは説き、（振幅の小さい共和党と民主党の違いはあれ）アメリカ史において自由主義という合意が貫通してきたことを強調した。なお、概ねこの頃までが、アメリカの歴史学界において歴史観がほぼ統一されていた時代であったと考えられる。

一九六〇年代になると、歴史における経済の役割をもう一度重視し、「コンセンサス学派」に対してだけでなく、アメリカ史の流れ自体に批判的な「ニュー・レフト史学」が出現した。『アメリカ外交の悲劇』を執筆したウィリアム・アップルマン・ウィリアムズがその代表例である。ウィリアムズは、十九世紀末から二〇世紀後半までのアメリカ外交の性格が、国内の経済的要因から（反植民地主義的ではあるも

の の）膨張主義的な帝国主義であり続けた、ということを批判的に強調した。そして、一九七〇年代から現在までは、社会制度の変化を重視するロバート・ウィービら「組織史学派」や、人種や女性の役割を重視する「社会史」学派なども現われ、アメリカの歴史学界の内部が非常に多様化してきた。

以上のようなアメリカ史学史の簡単な検討から、次のようなことを確認してもらいたい。すなわち、独立革命時や南北戦争時、両大戦期など同じ時代のアメリカ史に対しても、後の世代によりさまざまな解釈がありうる、ということである。ソ連との対決が厳しかった冷戦初頭のコンセンサス学派はアメリカ史に概ね肯定的で、反戦運動が盛んだったヴェトナム戦争時のニュー・レフト史学はアメリカ史に概ね否定的であった。このように、歴史を学ぶものは、自分が生きている時代の雰囲気や傾向からなかなか逃れられないと言えよう。ただし最近では、歴史学研究のあまりの細分化傾向に、警鐘が鳴らされてもいる。歴史学自体の存在理由（raison d'être, レーゾン・デートル）が何なのか、わからなくなりかねないからである。

参考文献

松田武「（特集 アメリカ史研究の回顧と展望）アメリカ史研究の軌跡 日米の比較から」藤重仁子訳『大阪大学言語社会学会誌 EX ORIENTE』Vol. 15、二〇〇八年、一―二八頁。

潮木守一『キャンパスの生態誌――大学とは何だろう』中央公論社（中公新書）、一九八六年、七七頁。

潮木守一『アメリカの大学』講談社（講談社学術文庫）、一九九三年、一六七―一六八、二八五頁。

渡辺真治・西崎京子訳『アメリカ古典文庫9　フレデリック・J・ターナー』研究社、一九七五年。

デヴィッド・W・ノーブル『アメリカ史像の探究』目白アメリカ研究会訳、有斐閣（有斐閣選書）、一九八八年。

有賀夏紀・紀平英作・油井大三郎編『アメリカ史研究入門』山川出版社、二〇〇九年。

ルイス・ハーツ『アメリカ自由主義の伝統』有賀貞訳、講談社（講談社学術文庫）、一九九四年。

ウィリアム・A・ウィリアムズ『アメリカ外交の悲劇』高橋章・松田武・有賀貞訳、お茶の水書房、一九八六年。

第二講

アメリカ史の概観1――植民地時代から十九世紀前半まで

アメリカ史の概観を具体的に始める前に、アメリカ史における大きな時代や時期の区分を箇条書きで分類し、仮番号をつけておこう。

（1）イギリス植民地の建設と発展：植民地時代（十七世紀初頭あたり―）
（2）独立戦争から建国の時代：建国期（十八世紀後半―十九世紀初頭）
（3）共和国の成長と民主化（ジャクソニアン・デモクラシー）の時代（十九世紀前半）
（4）「明白な運命（マニフェスト・デスティニー）」と南北対立の激化（十九世紀半ば）
（5）南北戦争と南部再建：南北戦争期と再建期（一八六一―一八六五年と戦後の一八六五―一八七七年）
（6）「金ぴか時代」の政治腐敗と爆発的工業化・都市化（一八七〇年代―十九世紀末）
（7）革新主義時代の改革の展開（大国化）と第一次世界大戦期（十九世紀末―一九一九年）

（8）大戦間期の繁栄から大恐慌（一九二九年）の時代へ（一九二〇年代と一九三〇年代）
（9）第二次世界大戦期から東西冷戦の時代へ（一九四〇年代と一九五〇年代―二〇世紀後半）

ここから各時代の概略を検討しよう。本講では、時間的にかなり長い（1）から（3）あたりまでを目標に進めたい。

まず、（1）の植民地時代に入りたいが、それ以前に、有名なクリストファー・コロンブスによるアメリカ大陸の「発見」は、十五世紀末の一四九二年のことであった。その後、十七世紀初め頃からイギリス人による植民が始まる。たとえば、メイフラワー号に乗船して到来した「ピルグリム・ファーザーズ」が、プリマスに一六二〇年に上陸した。しかし、彼らイギリス植民者と先住民（Indians）との間では戦争が多発する。なかでも最大のものは、フィリップ王戦争であった。しかもイギリス植民者は、ヨーロッパ諸国が新大陸にもつ周囲の植民地とも、紛争を繰り返したのである。加えて彼らイギリス植民者は、根本的な労働力不足を補うため、黒人奴隷（black slave）も導入していった。ただし、こうした苦しい状況にもかかわらず、南部やニューイングランド、中部大西洋岸といった各地にイギリス植民地が続々と建設されていく。その結果、一七三二年にイギリス植民地は、最初のヴァージニア植民地から最後のジョージア植民地まで入れて、十三植民地に発展した。

なお、「ピルグリム・ファーザーズ」とは、イギリスのピューリタン（清教徒）が中心であったので、ここでヨーロッパの宗教改革史をごく簡単に紹介する。一五一七年に神聖ローマ帝国（ドイツ）で、マルティン・ルターによって宗教改革運動が始まった。彼ら改革派は、カトリック（旧教）に「抗議する（protest）」ものとして、プロテスタント（新教）と呼ばれた。以後ドイツでは、農民戦争や三十年戦争を経て一六四八年のウェストファリア条約まで、新旧両教による宗教戦争が一世紀以上も断続的に続く。一方、イギリス国王のヘンリー八世は、（新教の一派だが、旧教的な）英国国教会を一五三四年に首長令で樹立した。その一世紀以上後の一六四二年にイギリスでは、オリバー・クロムウェル率いるピューリタン革命が始まる。ゆえに、概ね一五四〇年代から一六四〇年頃まで、イギリスで（信仰を purify する）ピューリタンは、少数派で迫害されがちであった。そこで彼らの一部がアメリカに移住したのだ。

次に（2）の建国期に入ろう。一七六三年まで続いた七年戦争（本講後半で後述）の一環のフレンチ・インディアン戦争に勝利した結果、新大陸のイギリス植民地は、列強諸国の植民地に対し安全になった。しかし、その戦費の調達やイギリス本国による英植民地の効率的な統治のため、一七六五年の印紙法など、植民地に対する本国の重税化が始まる。本国による「有益なる怠慢」の統治に慣れた植民地側は、（本国議会に）「代表なくして課税なし」と猛反発し、一七七三年には「ボストン茶会事件」を起こした。その結果、翌年の大陸会議を経て独立戦争（the War of Independence, 一七七五年から一七八三年のパリ条約まで）が始まる。開戦翌年の一七七六年には、トー

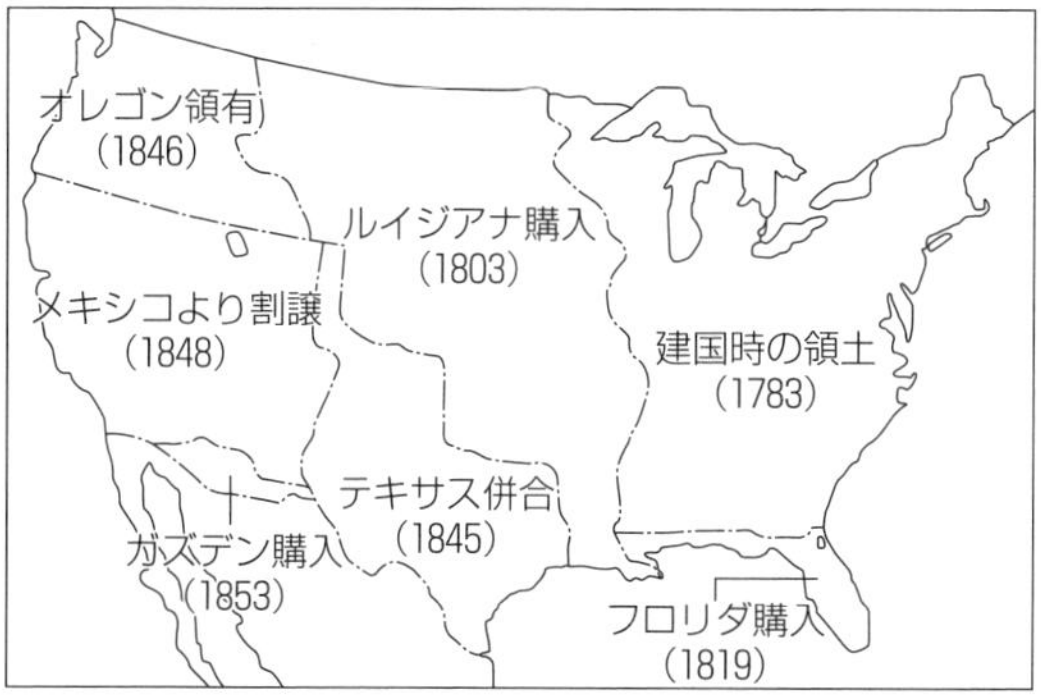

合衆国の領土拡大の過程（1783–1853年）

出典：紀平英作編『アメリカ史』（新版　世界各国史24），山川出版社，1999年，153頁.

マス・ジェファーソンらによって「アメリカ独立宣言」[*]が発表された。ただ、この戦争の戦闘自体では植民地側の苦戦続きで、ジョージ・ワシントン率いる「大陸軍」が辛くも勝利を収めたのである。

独立戦争後、（連合規約をへて）連邦憲法が制定されるが、各地における憲法批准（確認、同意のこと）の過程でアメリカの内部に対立が発生した。同憲法批准の推進派の「フェデラリスト」（中央集権志向、アレグザンダー・ハミルトンたち）対、批准反対派の「反フェデラリスト」（分権派、ジェファーソンら）の対立がそれである。そこで、憲法修正を経て、連邦政府がようやく発足することとなった。ワシントンが初代大統領となり、憲法批准時の対立を引き継いだ政党政治（party politics）が始まる。「一八〇〇年の革命」でジェファーソンが、反フェデラリスト（当時リパブリカン党）として初めて、大統領になった。その後彼は、フランスのナポレオンからルイジアナを購入し、合衆国史上最大の領土拡大を達成した。

なお、前出の七年戦争（一七五六―一七六三年）とはヨーロッパ、アメリカ、インドの各大陸でほぼ同時に戦われた史上初の「世界大戦」と最近では考えられている。ヨーロッパでは、十八世紀半ばのオーストリア継承戦争でシレジア地方を失って激怒したオーストリアのマリア・テレジアが、フランスのポンパドゥール夫人、ロシアのエリザベータと同盟し、プロイセンのフリードリヒ大王を包囲して七年戦争を戦った。東西南の三方から包囲されたプロ

＊「アメリカ独立宣言」
いわゆるアメリカ独立宣言は、革命の理論を述べた部分（前文）、イギリス国王の「悪行と簒奪」を列挙した部分（本文）、イギリス本国からの分離・独立は唯一残された道であるとする部分（後文）の三部からなっていた。一般のイメージと違い、イギリス国王の圧政に対する苦情が意外なほど長々と述べられているのが興味深い（斎藤眞『アメリカとは何か』平凡社（平凡社ライブラリー）、一九九五年、一四四頁）。

イセンはイギリスと同盟して三国に対抗し、敗北の危機に陥りつつも、結局、勝利を収める。同じころアメリカ大陸では、フレンチ・インディアン戦争が戦われ、イギリス側がフランスと先住民の連合軍を撃破した。そして同時にインド亜大陸でも、一七五七年のプラッシーの戦いで、東インド会社のクライヴ率いるイギリス側がフランス側を破ったのである。つまり、七年戦争当時の「世界大戦」では、イギリスがフランスに対し、世界の各地で最終的に勝利を収めたのであった。

最後に、（3）のジャクソニアン・デモクラシーの時代を検討しよう。十九世紀初頭のナポレオン戦争中のイギリス海軍は、自国海軍増強のため、アメリカ人の船員を強制的に徴用した。そこでアメリカの世論が沸騰し、第二次米英戦争（一八一二―一八一四年）が勃発する。戦時中のイギリス海軍によるアメリカ東海岸の封鎖で、国内交通網の整備拡大を含む「内陸開発」の必要性が上がり、交通革命が生じた。たとえば、有料道路や運河が整備、拡張されたのである。その結果、北部や南部、西部といった三大セクション（section）が登場し、各セクションの地域利害も形成された。貿易上、保護貿易主義をとるか自由貿易主義をとるか、など各地の利害が対立する可能性も生まれたのである。

第二次米英戦争後の一八二三年に、合衆国外交の伝統となるモンロー宣言（ヨーロッパと西半球の相互不干渉）が第五代大統領ジェームズ・モンローによって表明された。この宣言は、以後の合衆国の孤立主義外交と、合衆国による西半球への勢力拡大を意味することとなる。その後一八三〇年代の民主党（the Democratic Party）による「ジャクソニアン・デモクラシー」の時代には、白人男子普通選挙制（略称は普選）が実施され、中央集権の象徴であった第二合衆国銀行が廃止された。ほかにも、禁酒運動や奴隷制の即時廃止運動（アボリショニズム、Abolitionism）などが起こる。ただし、先住民の強制移住のような民主主義の限界も明らかに存在した。たとえば、ジョージアからオクラホマまで強制移住させられたチェロキー族は、長旅で約四分の一が落命したので、この移住は「涙の旅路」（Trail of Tears）と呼ばれた。

参考文献

紀平英作編『アメリカ史』（新版　世界各国史24）、山川出版社、一九九九年、第一—三章。

屋敷二郎『フリードリヒ大王　祖国と寛容』（世界史リブレット人55）、山川出版社、二〇一六年、八六—八七頁。

徳善義和『マルティン・ルター——ことばに生きた改革者』岩波書店（岩波新書）、二〇一二年。

第三講

アメリカ史の概観2——南北戦争や金ぴか時代に注目して

本講では、前講のつづきから検討を始める。次の仮番号（4）から（6）までの、十九世紀後半の時代を検討対象とする。

（4）「明白な運命（マニフェスト・デスティニー）」と南北対立の激化（十九世紀半ば）
（5）南北戦争と南部再建：南北戦争期と再建期（一八六一—一八六五年と戦後の一八六五—一八七七年）
（6）「金ぴか時代」の政治腐敗と爆発的工業化・都市化（一八七〇年代—十九世紀末）

まず、（4）の西漸運動と南北対立の時代から始めよう。十九世紀半ばの南部社会は、黒人の奴隷制に基づく「綿花王国」であった。それを支配する奴隷主中心の白人社会では、奴隷制擁護論も見られた。たとえば、南部の政治家ジョン・C・カルフーンなどは、「北部は（白人の）賃金奴隷社会」だと奴隷制への批判に対し反論したほどである。こうした南部も北部と共に一八四〇年代以降、「明白な運命」

("Manifest Destiny")という標語の下、米墨戦争(一八四六―四八年)や一八四九年からのゴールド・ラッシュなどを通じて西へ膨張していく。しかし、新しい領土に奴隷制を認めるか否かで南北両セクション間に摩擦が発生した。この摩擦を止めるため、(従来の緯度別ではない)カリフォルニアの一八五〇年の妥協や一八五四年のカンザス・ネブラスカ法が試みられたが、逆効果であった。後者の法律では、当該地域の住民が奴隷制の諾否を決める住民主権が認められる。しかしかえって、奴隷制の賛成派や反対派が同地になだれ込み、「流血のカンザス」と呼ばれる武力衝突まで発生したのであった。この武力衝突は、南北戦争の前哨戦とまで見なされた。

一方、一八四〇年代からアイルランド系やドイツ系など大量の移民(immigrants)が流入してきた北部工業社会では、互換性部品を利用し、素人でも生産可能な「アメリカ的製造方式」が確立していく。海岸から内陸への鉄道建設も本格化し、北部と西部は経済的に提携した。その結果生じた南部と北部・西部によるセクション間対立のなか、北部の共和党(the Republican Party)のエイブラハム・リンカン*(Abraham Lincoln)が、一八六〇年の大統領選挙に当選する。彼は、奴隷制即時廃止論者のアボリショニストではなかったが、奴隷制が準州へ拡大することには反対した。この相対的に穏当な奴隷制封じ込めの主張にも南部は反発し、南北戦争へ至ることとなる。

次に(5)の南北戦争期(一八六一―六五年)に入ろう。本講の中心の時代と捉えてほしい。リンカン当選後、南部諸州は連邦を離脱して「アメリカ連合国」を形成し

*エイブラハム・リンカン(一八〇九―六五年)
彼は苦労人として知られるが、南北戦争中は北軍の将軍たちを叱咤激励し続けた。戦績がないと見られた将軍たちは何人も交代させせられたほどである。たとえば、ゲティズバーグの戦い直前には、緊迫した情勢であったにもかかわらず、ポトマック軍司令官をフッカー将軍からミード将軍に変えた。

た。首都はヴァージニア州のリッチモンドで、大統領はジェファーソン・デイヴィスである。この離脱に憤激した北部は、連邦維持のためには武力行使も止むなしと覚悟する。その結果、南北戦争が一八六一年に（サムター要塞の攻防から）始まった。この戦争は北部にとっては反乱鎮圧戦争、南部にとっては独立戦争なので、士気で劣る北部は当初劣勢であった。北部海軍は南部沿岸を封鎖し（アナコンダ・プラン）、南部を兵糧攻めにするも、南部から綿花を輸入していたイギリスが戦いに干渉しそうになる。もし、当時世界一のイギリス海軍が南部に味方すると、アナコンダ作戦が失敗するだけでなく、南北戦争の帰趨すらわからなくなる。

そこで北部は、国際世論と南部黒人の支持を得るため、戦争目的を連邦維持から奴隷解放に変えた。一八六三年の「奴隷解放宣言」（the Emancipation Proclamation）の発布が典型的である。にもかかわらず南北戦争がなお長期戦化したので、この消耗戦を乗り切るため南北ともに、社会の総力をあげて戦う必要に直面した。いわゆる総力戦化に対応した北部の例としては、連邦課税法（所得税）や法貨法（不換紙幣Greenback の発行）、国法銀行法、徴兵法（the Enrollment Act of 1863, the Civil War Military Draft Act）などがあげられる。「総力戦化」へのこれらの対応で、北部は中央集権国家化したといわれるが、南部は社会の混乱を助長しただけだとされる。以上の結果、経済力やマンパワーを含む国力の差が徐々に出始め、一八六五年にこの近代戦は北部の勝利で終結した。

南北戦争後、戦争で荒廃した南部を再建する南部再建期（the Reconstruction, 一八六五―七七年）が始まる。戦後の南部再建政策は、連邦軍による軍政下で実施されたが、共和党急進派による理想的なものであった。たとえば、解放された黒人奴隷に投票権を与える憲法修正第十四条や市民権法があげられる。再建政策に従う南部諸州は、州憲法を改定して連邦に復帰した。これら諸州でも共和党が政権を掌握し、社会改革を試みる。しかし、南部白人の再建反対派は、悪名高いテロ組織のＫＫＫ（Ku Klux Klan）を使い、大統領選挙でも妨害行動を起こした。こうした反発は、連邦軍による軍政、つまり占領軍行政など強権的な再建政策への反感から生じた。その結果、あまりにも理想的な再建政策は、暴力的に破壊されることになったのである。

最後に、（6）の「金ぴか時代」（一八七〇年代―十九世紀末）を検討しよう。南部再建期と少し重なるこの時代、南北戦争期のような非常時に許された政府の強権に対する批判が高まる。だがそれゆえ、当時の観察者によれば、政治は「目標貧弱、成果不毛」とされた。その結果この時代は、有名な小説家マーク・トウェイン（Mark Twain『トム・ソーヤーの冒険』）により、軽佻浮薄な「金ぴか時代」と名付けられる。ただし当時、経済的には急激な工業化や都市化が進み、二〇世紀までにアメリカはイギリスをぬいて世界一の工業国へ躍進した。こうした工業化に伴い、移民や農民が都市に大量に流入したが、西部の牧畜や農業の開発も急速に進行する。その結果、一八九〇年代初頭には人口が希薄なフロンティア（Frontier）が消滅した。ただし、その過程でアパッチ族など先住民（native Americans）の征服も進んだ。

こうした成果にもかかわらず、アメリカ社会には分裂の兆しが生じ始める。ヨー

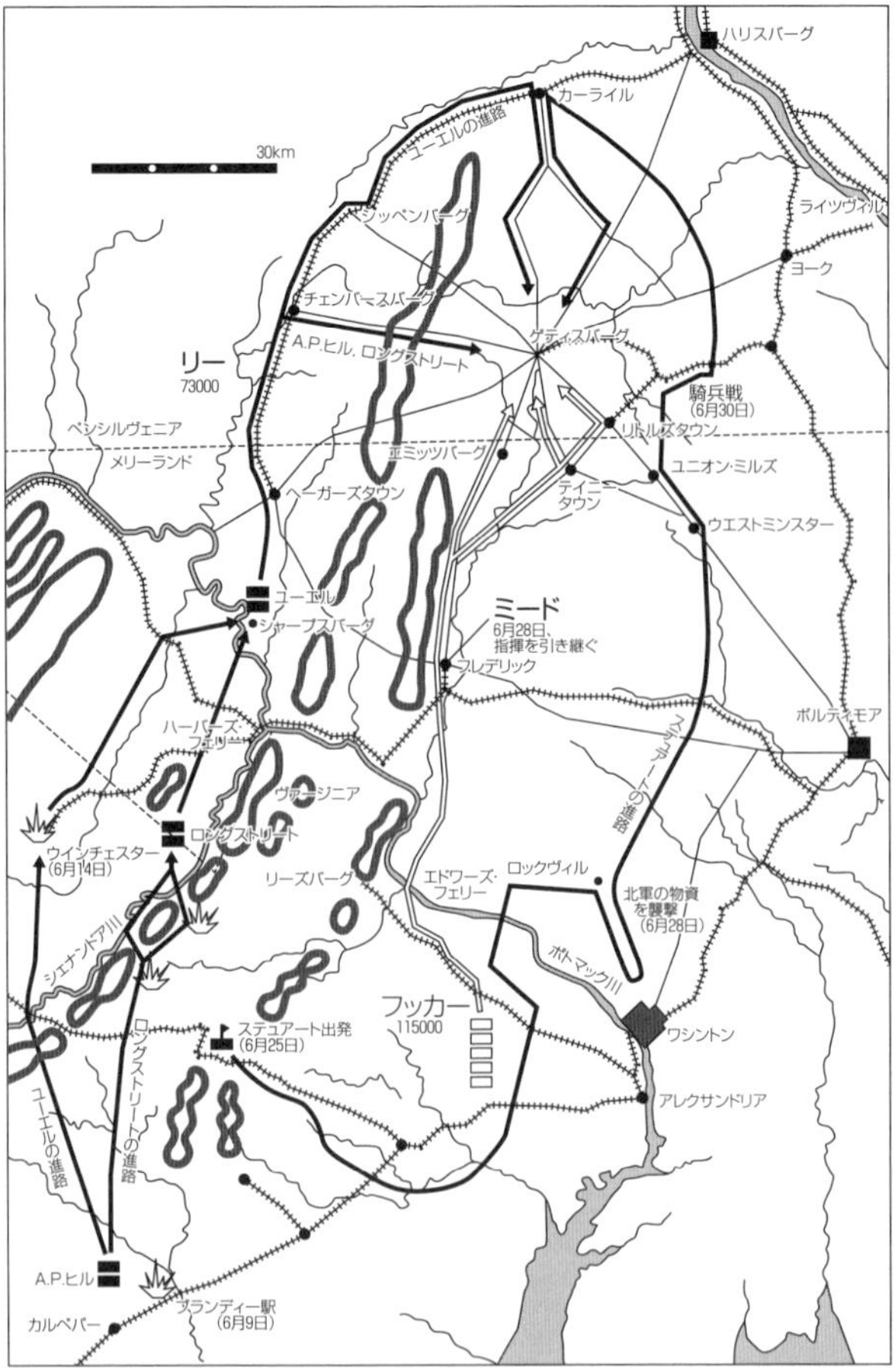

1863年7月1～3日，ゲティズバーグの戦い．その戦い直前の両軍の動き．

注：黒矢印が南軍，白矢印が北軍．この戦いは南北戦争全体の趨勢を決めたと言われる．ロバート・リー将軍を司令官とする7万3000名の南軍の北ヴァージニア軍は，ジェームズ・ロングストリートが率いる歩兵第1軍団やリチャード・ユーエルの第2軍団，A・P・ヒルの第3軍団，およびジェームズ・スチュアートの騎兵部隊で構成されていた．歩兵の各軍団は，オレンジ・アンド・アレグザンドリア鉄道のカルペパー駅に一度集結する．そして6月半ば以降，カルペパーから各歩兵軍団は個別に北上を始め，シェナンドア渓谷を経てポトマック川上流を越え，山脈の間の広大な渓谷を北北東に進んでいく．一方，騎兵部隊は，各山脈の東沿いをほぼまっすぐ北上していく11万5000名の北軍のポトマック軍の南を東へ迂回し，同軍と首都ワシントンの間を北東にすり抜けていった．つまり南軍の北ヴァージニア軍は，騎兵と歩兵で東西から北軍のポトマック軍を挟むようにして北上していった．

出典：クレイグ・L・シモンズ，友清理士訳『南北戦争 49の作戦図で読む詳細戦記』学習研究社（学研M文庫），2002年，185頁．布施将夫『補給戦と合衆国』松籟社，2014年，118-119，132頁．

ロッパ的な「階級社会」（class society）が誕生するかと危惧された。当時、社会的に成功した実業家らが信じる自由放任主義の「社会進化論」と、労働者たちの抗議やストライキ、国家権力に頼る社会改革理論との対決については後にくわしく考察しよう。

参考文献

紀平英作編『アメリカ史』（新版　世界各国史24）、山川出版社、一九九九年、第四―六章。
デイヴィッド・アーミテイジ『〈内戦〉の世界史』平田雅博・阪本浩・細川道久訳、岩波書店、二〇一九年、一七一―一七三頁。

第四講

アメリカ史の概観3——世界のなかのアメリカ

本講では、前述のとおり、十九世紀末以降の次の三つの時代に焦点をあてて検討していこう。

（7）革新主義時代の改革の展開（大国化）と第一次世界大戦期（十九世紀末—一九一九年）
（8）大戦間期の繁栄から大恐慌（一九二九年）の時代へ（一九二〇年代と一九三〇年代）
（9）第二次世界大戦期から東西冷戦の時代へ（一九四〇年代と一九五〇年代—二〇世紀後半）

（7）の革新主義時代と第一次大戦期（十九世紀末—一九一九年）、とりわけ前者は、その直前の「金ぴか時代」の反省から訪れたものだと考えられる。金ぴか時代の工業化の結果、鉄鋼や鉄道、銀行業などで巨大企業が登場し、市場を独占（monopoly）

し始めた。それゆえ中小企業はそれらに対抗できず、経済の自由競争すら不可能になる。加えて、東南欧から大量の移民が到来し、アメリカ政治に疎い彼らの票を基盤にした政党組織（マシーン、machine）やボス政治家が誕生した。こうして政治・経済改革の必要性が増えてきたので、専門家中心の政府による「革新主義運動」（the Progressivism）が始まる。まず市・州政改革から開始したこの運動はすぐに全国政治へ波及し、セオドア・ローズヴェルト大統領のトラスト征伐に至る。具体的には、一八八七年の州際通商法や一八九〇年のシャーマン反トラスト法など各種の経済規制法が制定・適用され、規制国家化が進んだのである。

一方、一八九八年の米西戦争で勝利を収めたアメリカは、カリブ海からアジアにまで領土を広げ、門戸開放帝国主義（Open Door Imperialism）を展開した。たとえばセオドア・ローズヴェルト大統領は、カリブ海で「棍棒政策」（Big Stick Diplomacy）を、アジアでは勢力均衡（Balance of Power）政策を採用した。硬軟両様の手法を通じた帝国主義だと言える。その後ウッドロウ・ウィルソン大統領は、ローズヴェルト以上に国内の独占解体を主張したが、外交面で中立を維持できず、第一次世界大戦に一九一七年から参戦した。戦時社会では鉄道庁の創設など連邦政府による経済規制が進められ、一見、革新主義改革が完成する。だがその反面、治安法の制定・適用など市民的自由の抑圧も見られた。なお戦争直後、ウィルソンが提唱した国際連盟に、アメリカは結局参加しなかった。これはモンロー主義、孤立主義への回帰に映る。

次に、（8）の繁栄から恐慌の時代に移る大戦間期（一九二〇年代と一九三〇年代）を考えよう。大戦後、「平常への復帰」を掲げた共和党政権が三代続き、経済に対しては自由放任政策が復活した。一九二〇年代にラジオや映画が出現し、ジャズが流行し、自動車が普及して繁栄の時代を迎えたが、その反面（第二次KKKが支持した）移民（制限）法や禁酒法も成立した。不寛容の時代であったとも言われる。なお当時の外交面では、一九二一年からワシントン海軍軍縮会議が開催され、一九二八年には不戦条約が締結されるなど、国際的な軍縮の趨勢が続いた。

だが一九二九年に世界大恐慌（the Great Depression）が勃発する。その原因としては生産過多や購買力不足などがあげられるが、まだ完全に解明されたわけではない。当時の共和党のハーバート・フーヴァー大統領は、経済界の協力と自主的行動に景気回復を委ねた（フーヴァー・モラトリアム）が失敗した。次の民主党のフランクリ*ン・D・ローズヴェルト（FDR）大統領は、一九三三年から「ニューディール」（New Deal）政策を開始する。全国産業復興法や農業調整法、テネシー渓谷開発公社設立法の制定が代表例であった。そして一九三五年以降に彼は「第二次ニューディール」を推進し、雇用促進局の新設や老齢年金・失業保険制度の成立などを図った。こうした恐慌対策のなかから福祉国家（Welfare State）への道が始まったのである。なお、一九三〇年代のアメリカ外交では、中南米に対する善隣外交と、一九三五年の中立法を中心とした孤立主義的外交が目立つ。ローズヴェルト一族（セオドアとフランクリン）の外交政策が、結果的に極めて対照的であったことが興味深い。

＊フランクリン・デラノ・ローズヴェルト（一八八二―一九四五年） ただし彼のニューディール政策が、大恐慌を克服できたとは言い難い。連邦政府の支出が不十分だったからである。その証拠に一九三〇年代の財政赤字は、GNPの六％を超えなかったほどであった（佐藤千登勢『フランクリン・ローズヴェルト　大恐慌と大戦に挑んだ指導者』中央公論新社（中公新書）、二〇二一年、二五二頁）。

では、(9)の第二次世界大戦から東西冷戦期(一九四〇年代—)までの現代を簡単に考察しよう。日本海軍による真珠湾攻撃を契機とし、一九四一年にアメリカは第二次世界大戦に参戦した。皮肉にもこの参戦でアメリカの経済状況は好転し、完全雇用も達成される。国内では人的動員(兵士や労働者が対象)・精神動員(「四つの自由」の提唱)・産業動員(戦後、軍産複合体(the military-industrial complex)へ)と各種の動員がなされる。そして国外では早くも一九四一年の大西洋憲章で国際連合の原点が示され、大戦後にアメリカ中心の世界秩序を作ることが目論まれる。その後、文字通り世界中で展開された戦闘の結果、米英中心の連合国は日独伊の枢軸国を打倒し、戦争に勝利した。だが大戦後、東欧圏やアジア圏で、ソ連が中心の東側諸国とアメリカ中心の西側諸国との間で、冷戦(the Cold War)が始まった。

その後の冷戦の展開は、非常に複雑で多岐にわたる。しかし本書では紙幅の関係上、冷戦史を以後も詳細に扱うことはできない。そこでここでは、特に大きな事件をごく簡単にあげておこう。一九四七年に、共産圏の脅威が近いギリシャ・トルコへのアメリカの援助であるトルーマン・ドクトリンが発表された。そうした西側の動向に対してソ連は、一九四八年にベルリンを封鎖する。今度は西側諸国が東側に対抗し、一九四九年にNATO(North Atlantic Treaty Organization, 北大西洋条約機構)という集団安全保障機構を成立させた。そして一九五〇年にはついに、東アジアで朝鮮戦争という「熱戦」が勃発する。この一九五〇年代にアメリカでは、「マッカーシズム」と呼ばれる反共国内政治が進んだ。その後一九六二年には、ケネディ政権の時代にキューバ危機が発生し、この危機は難を逃れたものの、一九六五年にはヴェトナム戦争で北爆が開始された。ヴェトナム戦争で経済力が衰えたアメリカでは、「福祉国家」体制に陰りが生じたのである。

以上で、第二講から続けてきたアメリカ史の通時的概観を終える。以後は、南北戦争（一八六一―六五年）時代以降のアメリカ史を、ヨーロッパの歴史や思想も踏まえながら、もう少しくわしく検討していきたい。

参考文献

紀平英作編『アメリカ史』（新版　世界各国史24）、山川出版社、一九九九年、第七―九章。

今津晃編著『第一次大戦下のアメリカ――市民的自由の危機――』柳原書店、一九八一年。

布施将夫『補給戦と合衆国』松籟社、二〇一四年、第五章。

第五講

南北戦争と鉄道——消耗戦の出現と社会への影響

本講では、南北戦争を、当時の最新技術であった鉄道と絡めつつ検討し、アメリカ社会にどれくらいの影響を与えたのかを考えたい。ここからは通説に満足するだけでなく、通説を「学んだ」結果生じた「問い」を検証して、自分なりの結論を導く「学問」的な試みを始めることになる。単なる暗記だけではない歴史学のあり方をお楽しみいただきたい。なお、南北戦争にはThe War Between the States, The War of the Rebellion, Mr. Lincoln's War, The Lost Cause, The Brothers' War, The Yankee Invasion, など異名がたくさんあるが、本書ではThe Civil Warを採用する。

南北戦争（The Civil War）の通説では次のように説かれる。南北戦争は、予想外に長く続き、しかも国力を激しく消耗する消耗戦になった。それゆえ、南部にも北部にも、社会の総力をあげて戦う必要が生じ、従来、第一次世界大戦から始まったとされる「総力戦化（total war）」がすでに始まっていたのではないか。その例として、連邦課税法（現代の所得税）や法貨法（不換紙幣グリーンバックの発行）、国法銀行法、徴兵法（the Civil War Military Draft Act）等の制定があげられる。少なくとも合衆国では、徴兵をめぐる社会的混乱の規模や激しさとあいまって、中央集権国家化が始まったと評価できるであろう、と。

しかし、このような総力戦化*や中央集権化がはたして本当にアメリカ社会で実現されたのであろうか？　実現されたとすれば鉄道の場合、南北戦争中の鉄道軍事利用のため全国の鉄道網が統合され（総力戦化）、中央政府はその統合鉄道網を利用して社会を支配できるようにならねばならない（中央集権化）。だがその実態はどうであったのか？　こうした疑問を以下で考えてみよう。

南北戦争前の民間の鉄道網（a network of private railroads）は、四フィート八インチ半の標準ゲージに統一されていたわけではなく、バラバラのゲージ（軌間）や鉄道用橋梁の不足などで無秩序な状態であった。それもあって戦争初年の一八六一年に北軍の鉄道利用は、南軍に攻められたわけでもないのに混乱する。たとえば、親南部的なボルティモア市の住民暴動が原因で、北軍部隊（北部各州の州軍）は鉄道各線の乗り継ぎだけで南下できず、水運も併用する羽目になった。首都ワシントンＤＣの防衛にも支障が生じかねない事態である。

この事態に、陸軍省よりも連邦議会が鋭く反応した。首都近郊で鉄道を日常的に使う議員たちは、鉄道の不便さによく悩まされていたからである。彼らの迅速で短い審議の結果、一八六二年の初めに「大統領に鉄道・電信の接収権限を認める法」が制定された。この法律の運用で、大統領ひいては国家（the U.S.A.）の管轄下で、全米規模での鉄道網の統合が可能になったはずであった。しかしその実態はどうだっ

＊総力戦
総力戦については、その始期がいつか（第一次世界大戦か南北戦争か）と考えるだけでも論争的だが、その終わりをいつと捉えるかも難しい問題である。今現在もなお、総力戦体制を抜け切れていないと解釈する研究書があるほどである（山之内靖、ヴィクター・コシュマン、成田龍一編『総力戦と現代化』柏書房、一九九五年）。

たのであろうか？

同法の規定に基づき「合衆国軍事鉄道局（United States Military Railroads, USMRR）」が設置され、元鉄道会社のエンジニアであるハーマン・ハウプト（Herman Haupt）がUSMRRの実権を握った。ハウプトは、鉄道軍事利用の諸原則や優秀な建設（修理）部隊などを作り、USMRRの組織改善に成功していく。それゆえ彼は、強権を発動して民間の鉄道会社（私鉄）をむりやり接収せずにすんだのだ。その結果、一八六五年の終戦時でもUSMRR支配下の鉄道は、全米鉄道網のわずか六％程度（三万五〇〇〇マイル中二一〇〇マイル。一マイルは約一・六キロメートル）にすぎなかったのである。つまり、全国規模での鉄道網の統合は結局なされなかった。

なおその間、USMRRの活動の基礎である「大統領鉄道・電信接収権限法」まで一部制約された。いくら戦争中とはいえ、大統領に巨大すぎる権限を与えることに対し、議会が恐れたからである。「帝王的大統領制」への恐れとも換言できよう。

以上の結果、全米の鉄道網は統合もされず無秩序なままで、戦争直後には、連邦政府の社会支配にも貢献しにくかった。このような結果を見ると、南北戦争中の鉄道利用の場合、総力戦化にも中央集権化にも大きく貢献したとは言い難いと考えられる。

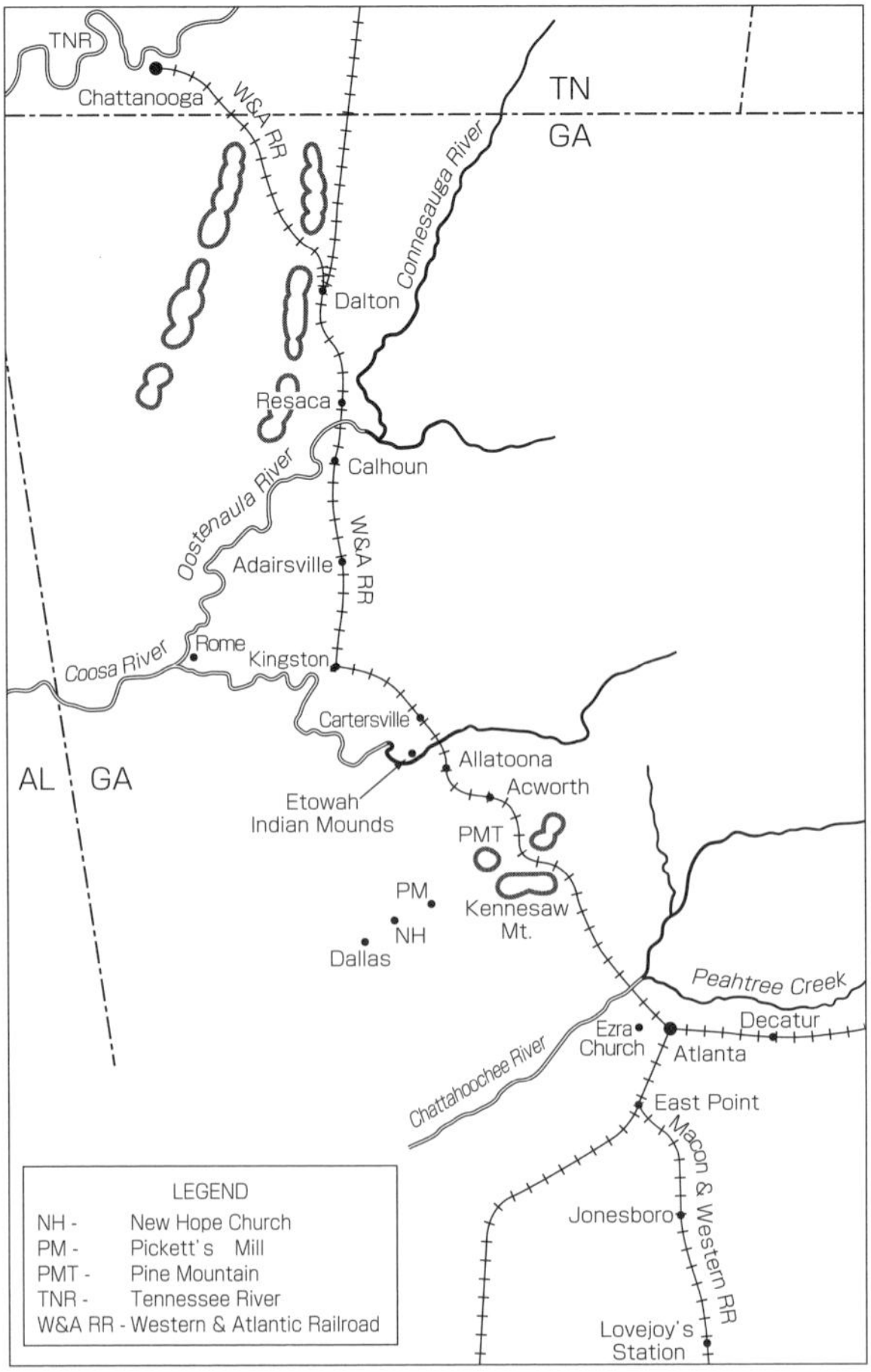

西部戦線におけるシャーマン将軍のアトランタ進撃図：テネシー州のチャタヌーガからジョージア州アトランタまで（1864年5～9月）概ね，西部大西洋鉄道沿いに南下．

注：地図の左上から．TNR，テネシー川．Chattanooga，チャタヌーガ．W&A RR，西部大西洋鉄道．Dalton，ドルトン．Resaca，レサカ．Oostenaula River，ウースタノーラ川．Calhoun～Cartersvilleの間は，Kingston，キングストン．Allatoona，アラトゥーナ．Acworth，アクワース．Dallas，ダラス．NH，ニューホープ教会．PM，ピケッツ・ミル．PMT，パイン山．Kennesaw Mt. ケネソー山．Chattahoochee River，チャタフーチー川．Ezra Church，エズラ教会．Peachtree Creek，ピーチツリー川．Atlanta，アトランタ．Decatur，ディケーター．アトランタより下（南）には，真南の三つの駅．East Point，イースト・ポイント．Jonesboro，ジョーンズボロ．Lovejoy's Station，ラブジョイ駅があった（TN，テネシー州．GA，ジョージア州．AL，アラバマ州）．これらの地名のなかには，激戦地となったところが多い（その迫真さを出すため，英語表記を残した）．

出典：James Lee McDonough, *William Tecumseh Sherman: In the Service of My Country: A Life*, NY: W. W. Norton & Company, Inc., 2016, p. 473.

参考文献

長田豊臣『南北戦争と国家』東京大学出版会、一九九二年。

布施将夫『補給戦と合衆国』松籟社、二〇一四年、第一章。

布施将夫「南北戦争期の鉄道・電信利用と近代戦――シャーマン将軍のアトランタ進撃に注目して――」『軍事史学』第五六巻第二号、軍事史学会、錦正社、二〇二〇年、四―二六頁。

Mark Hughes, *The New Civil War Handbook: Facts and Photos for Readers of All Ages*, NY: Savas Beatie, 2009, p.1.

第六講

大陸横断鉄道の建設をめぐって――その社会的な目的は何か

本講ではアメリカ大陸横断鉄道の建設構想やその実態を検討するが、その前にアメリカにおける最初の本格的な探検事業を瞥見しておこう。十九世紀初頭のトーマス・ジェファーソン大統領の命令により、大西洋岸から太平洋岸北西部までの探検が一八〇四年に実施された。おおよそ、首都ワシントンＤＣから現在のシアトル周辺までである。この探検は、探検隊隊長の陸軍将校の名前をとってルイス＝クラーク探検（Lewis and Clark expedition）といわれ、道路建設が可能な地域の調査を主な目的とした（なお、メリウェザー・ルイス陸軍大尉はジェファーソン大統領の私設秘書でもあった）。大陸内部の河川を利用しつつ調査した同探検の途中で、探検隊員を歓迎してくれた先住民「インディアン」もいた。しかし、歓迎を享受しすぎて、花柳病などの病気をもったまま探検した者もいたのである。

では、アメリカ大陸横断鉄道の建設要求、およびルート調査の探検という本題に入ろう。一八四〇年代の代表的な建設要求者としては、中国貿易で儲けていた商人エイサ・ホイットニーがあげられる。ホイットニーが述べた鉄道建設の目的は中国貿易（trade with China）の促進で、建設要求地はミシガン湖畔からシアトル周辺までの最北ルートであった。しかし、連邦議会は彼の要求をあまりにも「巨大で、……まったく非現実的だ」として退ける。一八四六年以降の米墨戦争への対応で、鉄道建設について討論する余裕が議会に無かった可能性も考えられる。

ところが、一八四八―四九年に、カリフォルニアで有名なゴールド・ラッシュ（gold rush）が始まる。また、合衆国が西に膨張するのは、「明白な運命（マニフェスト・デスティニー、manifest destiny）」だというジョン・オサリヴァンらの言説も登場した。その結果、物欲と理念の両面から刺激され、大衆の西部移動熱が盛んになる。それまで無かった西部へ通じる鉄道の需要も上がったので、連邦議会は、大陸横断鉄道の調査法を一八五三年に制定した。同法に基づき、概ね南から北まで緯度別の陸軍探検隊（計五つ）が調査を始めたのである。

北緯四七―四九度間、同三八―三九度間、同三五度線上、同三二―三五度間、同三二度線上の探検を終えた探検隊は、各々が調査したルートが鉄道建設に適していると一八五〇年代半ば当時の陸軍長官ジェファーソン・デイヴィス（後の一八六〇年代前半の南北戦争中、南部連合の大統領）に報告した。各探検隊の総花式の報告を受けたデイヴィス陸軍長官は、北緯三二度線沿いの最南ルートが鉄道建設に最適だと連邦議会に推奨する。しかし、このルートは、米墨戦争で苦汁を飲んだメキシコとの国境近くであきらかに危険であった。そこで議会は、南部セクションをえこひいきしたようなデイヴィスの推奨をすぐに退ける。しかしながら、彼の推奨を退けた一八五五年から建設予定地はなかなか決まらなかった。数年後、南北戦争中の一八六二年に建設地がようやく決まったのは、厳しい財政状況と南部議員の不在で、中央の緯度（北緯四一度線近辺）の一本線案に意思統一がしやすかったからである（なお一八六二年まで、複数本線案やU字型ルート案など、さまざまな建設ルート案が乱立した）。

次に、アメリカ大陸横断鉄道の建設目的、なかでも国家目的（national goals）がいかに存在したのかを考えよう。こうした鉄道建設目的は、前述のホイットニーや議員たちにより（建設要求地と共に）唱えられてきたものであった。ゆえに彼らが掲げたいわば「観念的」な建設目的は、他者への説得力をもたせるため、南北戦争前からある程度まとまりがあった。それらは概ね次の四つにまとめられる。いずれもある意味「国家目的」だと言えよう。

①（国防や反乱鎮圧など）合衆国全体の利益に資するような「国家的な幹線鉄道」の建設。

②大西洋・太平洋の海路と結びつけることで、「諸大陸間の交通路の完成」をめざす。

③主に東海岸からの移民を内陸に移住させ、「内陸開発路線」として役立たせること。

④この大事業を成し遂げることで、国政の安定度や国力の「シンボル」になること。

なお、②の建設目的は、イギリスの覇権（hegemony）への挑戦でもあった。アメリカ産の綿花が、英領インド産の綿花よりも世界中に販売しやすくなろうという目論見もあったのだ。ただ、南北戦争中の北部は、戦後に綿花市場としてのイギリスを失うだろうと悲観的に予想する。そこでイギリス市場の喪失を補うものとして、この鉄道（Pacific Railroad）を活用した「アジア貿易」の促進や「中国市場開発」を期待したのである。

最後に、南北戦争後一八六九年までの、アメリカ大陸横断鉄道＊の建設の実態を確認しよう。アメリカ合衆国では、東海岸からミシシッピ川まで鉄道網がすでに到達していたので、ミシシッピ川以西で建築が行われることになった。しかし、そこから西海岸まで私鉄一社だけで建設するにはあまりにも長距離すぎた。そこで、ミシシッピ川から西へユニオン・パシフィック鉄道会社（Union Pacific Railroad）が建設し、西海岸から東へセントラル・パシフィック鉄道会社（Central Pacific Railroad）が建設し、途中で合流する予定になったのである。

なお、連邦政府はこれら二社に対し、建設済みの距離に応じた援助資金（grant）を出し、沿線の土地（land grant）も提供することになった。建設競争ということになると、平坦な土地が多い地方を通るユニオン・パシフィック鉄道が俄然有利になる。そこでセントラル・パシフィック鉄道は、ユニオン・パシフィック鉄道が実働し始める二年前の一八六三年一月から建設を始めた。富士山以上の高さの山もあるほど険しいシェラネバダ山脈を早く通過しようと建設を急いだのである。

＊アメリカ大陸横断鉄道

なお、最初のアメリカ大陸横断鉄道が完成した一八六九年以降にも、こうした大規模な鉄道の建設は続いた。たとえば、サザン・パシフィック鉄道やノーザン・パシフィック鉄道、グレート・ノーザン鉄道などが建設されていったのである。

建設を先に始めた西側のセントラル・パシフィック鉄道では中国系労働者（Chinese Americans, Chinese）が主力となり、東側のユニオン・パシフィック鉄道では、アイルランド系労働者（Irish American）が主力となった。長距離を建設した方が、国から会社への援助金が増え、労働者の賃金も上がることになる。そこで、両社の線路が近づいてくると、線路の破壊といったライバル会社の建設の邪魔や、労働者同士の大喧嘩が起こるようになった。土を掘って先の尖ったスコップというのは、労働者のいい武器になったようである。

このような事件をのりこえ一八六九年に両社の鉄道は、ユタ州のプロモントリー・ポイントでなんとか合流できた。合流点に金の犬くぎが打ち込まれる。だが、イギリスの覇権に挑戦するという前述の②の目的は結局達成できなかった。なぜなら、アメリカの東西両洋の船舶とつながる大陸横断鉄道が完成したが、一八六九年にはスエズ運河（Suez Canal）も開通し、イギリスからアジアまでの航路も短縮したからである。なんという歴史の皮肉であろうか。

参考文献

明石紀雄『ルイス＝クラーク探検――アメリカ西部開拓の原初的物語』世界思想社、二〇〇四年。（探検二〇〇周年に刊行。アメリカでは前年から記念祝典開始。）
布施将夫『補給戦と合衆国』松籟社、二〇一四年、第二章。
布施将夫『近代世界における広義の軍事史――米欧日の教育・交流・政治――』晃洋書房、二〇二〇年、第四章。

第七講

南北戦争後、「金ぴか時代」の自由放任社会と同時代のヨーロッパ史

「金ぴか時代」の自由放任社会

前講では大陸横断鉄道（Pacific Railroad）の建設について検討した。太平洋岸から東へ建設されてきたセントラル・パシフィック鉄道（Central Pacific Railroad）と、ミシシッピ川から西へ建設されてきたユニオン・パシフィック鉄道（Union Pacific Railroad）が、一八六九年にユタ州で合流して大陸横断鉄道は完成する。ただ、前者のセントラル・パシフィック鉄道は、翌一八七〇年にサザン・パシフィック鉄道（Southern Pacific Lines, ＳＰＬやＳＰと以下略記）に早くも吸収合併される。アメリカの資本主義の激しさに驚きを禁じ得ない。このＳＰＬが、フランク・ノリスの『オクトパス（octopus）――カリフォルニア物語』のモデルになり、「ＰＳ鉄道」と読者にわかるよう逆さまに表記された。

なお、ノリスの著作の主題であるオクトパス（octopus）とは「タコ（蛸）」のことである。タコは、英米圏では人の血をしぼる悪魔を連想させ、ほとんど食用にされない。ゆえにタコは、多方面に有害な勢力をふるう組織団体とも解され、当時の大

きな鉄道会社の悪いイメージをうまく表している。

では、『オクトパス』の元ネタで、実際に起こった一八八〇年五月の（カリフォルニア州）ハンフォードのマッセルスロー事件を紹介しよう。

ハンフォードは、SPLが線路を敷けば、政府から報償として貰える予定の沿線の土地であった。だがここは、乾燥して不毛な地域だったのでSPには開墾不可能な場所でもあった。そこで、のちに一エーカーあたり二・五ドルで土地を安く入植者に優先売却するという約束で、SPは農民の入植者を募集する。農民入植者たちは用水路を自費で建設するなど超人的な苦労ののち、ここを豊かな土地に改良した。ところがSPは、政府から土地を無料で貰っておきながら、農民に開墾してもらった土地を一エーカーあたり二五―四〇ドルで一般に売り出すと言う。この約束違反に農民は激怒し、彼らとSPの間で紛争が起こった。

農民の同盟は、土地の優先占有と安い売却、つまり以前の約束の履行をSPに要求した。SPが拒む間、SPの命令で問題の豊かな土地を買った外部の購入者（実は鉄道関係者）は、激昂した農民に家を焼かれたり奪われたりする。その後も農民の同盟が武装訓練する一方、SPは用心棒を雇い、農民の追い出しを強行した。そして、五月十一日に合衆国執行官がSP側の用心棒と共に、（農民側の不法占拠者追い立ての）令状を執行中、彼らと農民同盟の間で撃ちあいが始まり、死亡者も発生した。しかしながら、合衆国最高裁判所はSPの勝訴を言い渡す。その結果、このマッセルスロー事件は、農民の敗北で終了したのである。

なぜ、このような非道なだまし打ちが可能だったのか。歴史家バンクロフトの回想記によると「裁判所や行政府は鉄道人の手中に帰し、卑屈な手先がその地位にすえられた。そして最も有能な弁護士が雇われて、従順な裁判官の前で、法の有って無きことを論証した。かくして鉄道は、たちまち全州を足下に蹂躙した」とある。以上、ノリスの翻訳書の訳者解説に基づいて説明した。

もちろん、本文中でも鉄道（「ピーエス鉄道」と逆に表記されているが）の悪者イメージが強調されている。社会を一つの生物に見たてる「社会有機体」説（第Ⅰ部第十講に前述）を連想させるものをまず挙げよう。

（カリフォルニア州の）地図いっぱいに網の目のように広がっているのは、ピーエス鉄道と記した、赤い線の入り組んだ大きな網状組織だ。それらの線はサンフランシスコに集中し、そこから枝を出して、……いたるところに広がっている。地図の（すみからすみまで、）この赤い網状の組織が覆っていて、まさに血液の循環組織のようだ。

次に、チャールズ・ダーウィンの進化論を人間社会にも適用したハーバート・スペンサーの社会進化論（social Darwinism）をいわば批判したものを挙げておく。

地図は白地で、郡や都市や村落は、それぞれ色刷りで書きこんではっきりさせてあるが、中心点に集中する赤い動脈の巨大な動物が、その上に腹ばいになっていて、それらの色は、すっかり吸い取られてしまっているように見える。あたかも州それ自体が血を吸い取られて、色を失って白くなっているようだ。そしてこの青白い色を背景にして、怪物の赤い血管はどこまでも伸びて、はち切れるばかりにむさぼり食らい、生き血にふくれて浮き上がって見える。まさに全州の生き血で太ったぜい肉、巨大な寄生物だ。

以上の二つの代表例は、翻訳書二四六頁からの引用である。鉄道会社の吸血動物や怪物としてのマイナス・イメージが写実的に強調されていよう。ゆえにこの当時（金ぴか時代）の鉄道は、自社の利益だけを執拗に追及する「泥棒貴族」「強盗貴族」（原語はRobber Baron）等と呼ばれるようになった。そもそもこの異名は、巨利を得た資本家たちの悪徳を強調するためによく用いられた呼び名でもあった。

本講前半部のしめくくりとして、自由放任社会の功罪をまとめておこう。当時の自由放任社会は、最近までの「新自由主義」社会のように、現代にも復活しうるものである。したがってその功罪を知っておくことは、現代社会で生きていくうえでも有意義であろう。

まず、自由放任社会の「罪」としては、貧富の拡大（The gap between rich and poor widens）があげられる。『オクトパス』で見たように富者や強者による法律の歪曲さえあり得るし、彼らの利益を重んじるあまり、貧者や弱者の救済はあまり実施されなくなる。封建時代の旧大陸のような「階級社会」が到来するかもしれない、とま

スタンフォード大学のフーバータワー
2009年３月　布施撮影.

で当時のアメリカで恐れられたのだ。当然、貧富の格差を減らし、弱者の救済をめざす福祉社会などは夢のまた夢ということになる。

一方、自由放任社会の「功」としては、見落とされがちだが、富者や強者による社会基盤の充実があげられる。彼らの活躍によりアメリカの工業は一躍発展し、一八九〇年にはフロンティアも消滅した。またたとえば、西海岸で有名なスタンフォード大学は、一八九一年に発足した。サザン・パシフィック鉄道の経営陣「ビッグ・フォー」の一人、リーランド・スタンフォードが、自分と遺児の名を後世に残すため、二〇〇〇万ドルの資金でこの大学を発足したのである。なんとぼろ儲けしていたことか。ちなみに一九〇〇年当時のベルリン大学の総予算はドル換算値約一〇〇万ドルで、同じ頃、日本の東京帝国大学の総予算は、日本最高で約五〇万ドルであった。「強盗貴族」の功名心が社会に大いに貢献することもあり得たのである。

十九世紀後半のヨーロッパ史

本講後半部では、十九世紀後半の同時代のヨーロッパ政治史をごく簡単に概観しよう。当時のヨーロッパ各国史を一言で要約すると、「自国のことで精一杯」であった。

まず、イギリスの政治状況とイタリアの統一を確認する。イギリスでは、一八三二年の第一回選挙法改正の後、トーリー・ウィッグ両党が各々保守党・自由党となった。ヴィクトリア女王の時代（一八三七―一九〇一年）に、保守党のディズレイリ

(Benjamin Disraeli) と自由党のグラッドストン (W. E. Gladstone) という二大政治家が出て、重要改革が実現されてゆく。たとえば、第二回以降の選挙法改正などが実施された。ただし、オーストラリアや南アフリカ連邦などの自治領とは異なり、アイルランドの自治問題は未解決のまま残される。対外的には、一八四〇年のアヘン戦争（対中国）や一八五三年のクリミア戦争（対ロシア）、一八五七年のセポイの乱（対インド）、一八九九年の南アフリカ戦争など、世界中の戦争に忙殺された。

一八四八年の二月革命後のイタリアでは、マッツィーニの指導する青年イタリアがローマ共和国を建国するも、フランス軍に打倒される。だがサルディニア王ヴィットーリオ・エマヌエーレ二世は宰相カブールを起用し、近代化や領土拡大に努めた。フランスとの同盟や交渉を通じ、ロンバルディアや中部イタリアを併合したサルディニア王国は、青年イタリアのガリバルディからナポリ王国を献上されたので、イタリア王国を一八六一年に完成する。ただし、トリエステや南チロルなど「未回収のイタリア」はオーストリア領に残った。

最後にドイツの統一やフランスの第三共和政については、第Ⅰ部第十一講の中盤をご参照いただきたい。

なお、一八八六年にはフランスからアメリカに「自由の女神像」が進呈された。

参考文献

フランク・ノリス『オクトパス――カリフォルニア物語』八尋昇訳、彩流社、一九八三年。

潮木守一『フンボルト理念の終焉?——現代大学の新次元』東信社、二〇〇八年。

第八講

「金ぴか時代」の社会進化思想の功罪と「長い十九世紀」の欧米文化

「金ぴか時代」の社会進化思想の功罪

南北戦争後の社会進化思想を検討した代表的な研究としては、ホフスタター『アメリカの社会進化思想』（一九五五年）があげられる。この翻訳書としては、リチャード・ホフスタター『アメリカの社会進化思想』後藤昭次訳、研究社、一九七三年がある。このような研究は長く引き継がれ、新しい研究も出てきた。その例として彼の弟子の研究を以下では参照しよう。それは、エリック・フォーナー著『アメリカ自由の物語（上）――植民地時代から現代まで』横山良・竹田有・常松洋・肥後本芳男訳、岩波書店、二〇〇八年（原著は一九九八年）の、第六章「契約の自由とその問題点」（竹田訳）である。

まず、訳者の一人の横山によるフォーナー書の全体像をつかんでおく（下巻の「訳者あとがき」参照）。同書では、アメリカにおける「自由の歴史的展開が二つの自由の対抗として描かれている」。二つの自由の対抗とは、「普遍的自由の拡大」対「保守的自由の執拗な伏流」のことである。普遍的自由の例としては、権力からの自由や政治参加の自由、市民的自由、社会権的自由などがあげられる。一方、保守的自由の中心・核としては、契約の自由があげられる。この保守的自由は、金ぴか時代や一九二〇・一九五〇年代、レーガン期以降などに何度も蘇生した。よって同書の最大の功績は、左翼による「保守的自由の発見」だと横山は言う。

横山の書評論文「エリック・フォナー『アメリカの自由の物語』を読む」『アメリカ史評論』第一七号、一九九九年、二二―三四頁では、フォーナー書の第六章の骨子がよりくわしく紹介されている。邦訳書の刊行以前にいち早く発表された同書評論文（正確にはReview Article）を利用しつつ、十九世紀後半当時の労働状況やイデオロギー対立を理解していこう。

南北戦争前の「自由労働イデオロギー」は、小生産と賃金労働の折衷として想定されうるものであったが、曖昧になりうるものでもあった。なぜなら戦後、恒久的に働く賃金労働者が出現してきたし、小生産者を受け入れる地としてのフロンティアも消滅寸前になってきたからである。この背景に乗じ、専横な独占法人企業が台頭し、民衆の自治としての自由に脅威を与えるようになってきた。その結果、金ぴか時代に、このイデオロギーをめぐる論争が発生し展開していく。

まず、客観的には保守派と見なせる自称「リベラル」な改革者の考えを確認しよう。彼らにとり自由とはまさに「契約の自由」のことであった。ゆえに彼らは、「契約にこそ自由な意思と自発的行動が具現化されており、……市場こそ真の自由の領域」だと主張する。加えて社会進化論者（social Darwinist）も、「国家の干渉を排した自由放任こそ進歩への道」だと考え、「契約の自由」論を補強した（ほかにも裁判所や、アメリカ労働総同盟（American Federation of Labor, AFL）も同様の考え方を示す）。こうした保守的自由は、「自由放任的自由論」（laissez-faire）と要約できる。

一方、労働運動側は、あくまでも小生産者としての自由労働イデオロギーに立脚し、普遍的自由を求めた。大企業が強いる賃金労働の廃止を掲げ、保守的自由と真っ向から対立する。賃金労働者は、「賃金奴隷」（wage slave）にすぎないではないかという過激な主張まであった。自由放任的自由論への批判者には彼らの他、農民らや社会思想家、科学者の一部がいた。こうして、南北戦争で出現した「民主的」な国家の権力による「産業の自由」の保障が求められるようになってくる。その中心は、先発の労働組合である労働騎士団であったが、徐々に衰退し、労組の指導権はＡＦＬに移ることとなった。

ではここで、横山書評論文の解説をいったん離れ、フォーナー書の特に第六章の内容の補足説明に移ろう。金ぴか時代における自由のあり方の背景をまず紹介する。南北戦争後、十九世紀末までのアメリカは「第二次産業革命」の段階にあった。だが、労働者の多くは、極貧階級（extremely poor class）のままであった（「熟練工」は例外）。彼らを雇う工業の資本家階級は裕福で強力な存在になったにもかかわらず、である。したがって「階級社会（a class-based society）への分裂（既出）」の恐怖が登場し、「労働問題」が問題になった。小生産もできる、とか工場での自主性を尊重されるといった労働の尊厳は、もはや時代遅れになったのであろうか。

こうした問いに対してアメリカ国民の多数派も、国家の生産拡大が原因で資本の集中は不可避的で、進歩により正当化されると考えた。多数派の考え方にのっとり前述の保守派は、自立した個人に抑制を加えないという自由の「消極的な」理解をある種の教義にまで高め、民主主義からも距離をおく。すなわち、(昔の共和主義的な態度で)自由を、限定的政府と自由放任主義経済学(laissez-faire)の組み合わせだという考えに至ったのである。経済面で契約の概念を重視する保守派は、労働条件の規制法を、労働者の自己処分権を奪う「奴隷制」とまで見なす。ただしこうした限定的政府は、西欧でも「夜警国家(a night watchman state, Nachtwächterstaat:ナハトヴェヒターシュタート)」と批判されていた。国は、必要最小限のことしかしないのかと。一八六二年のドイツの社会主義者ラサールが典型的である。

社会主義者と違って保守派に近いスペンサーら社会進化論者の「適者生存(the survival of the fittest)」「生存競争(a struggle for existence)」などの言葉は自由放任主義的見解の眼目になった。彼らによれば効率的な株式会社の活動を法律で制限することは、単純な野蛮社会への回帰とされる。極端な例としては、ウィリアム・グレアム・サムナーの考えがあげられよう。彼によると、適切な自由は「国家権力の拒絶」と不平等の容認である。社会には、「自由、不平等、適者生存」か「不自由、平等、不適応者の生存」という二つの選択肢しかない。いずれを選ぶかは自明であろう、と。以下、ホフスタター、前掲翻訳書、六六頁の例をあげておく。

面白い例：アメリカのイェール大学におけるサムナー教授と学生の問答

「先生、政府が産業に援助を出すことはすべて不当であると考えられますか。」

「そうです！　政府援助はイチかバチかです。」

「はい、でも、イチでもバチでもやってみるだけのことはあるんじゃないでしょうか。」

「全くありません。この世界は誰かのおかげで生かしてもらってる訳ではないのです。」

「それじゃ先生は、契約競争制度、これ一つしか妥当なものはないとお考えでしょうか。」

「それだけが唯一の健全な経済制度です。それ以外のものはみなごまかしです。」

「じゃ、例えばの話ですが、ある経済学の教授がやってきて、先生の職を奪ったとします。先生はくやしいと思いませんか。」

「別の教授が職をねらってやって来るということは歓迎すべきことです。それで私の職が奪われるとしたら、それは私がいけないからです。私の任務は誰も私からこの地位を取れないほど上手に授業をすることです。」

このようにサムナーは、自分が失業し、食いっぱぐれる危険性があっても自由放任主義社会を肯定したのであった。

「長い十九世紀」の欧米文化

本講後半部では、社会進化思想の検討から一旦離れ、欧米の文化面の補足説明に入ろう。その対象は、文学から科学に至る「長い十九世紀」の文化である。とはいえ、文化の検討はなかなか難しいものとされる。ある時代の文化人が、次の時代を先取りしているのか、前の時代を後追いして要約しているのか、あるいは時代と無関係に活動しているのか不明だからである。そこでここでは、「長い十九世紀」当時の文化を、簡単に紹介するにとどめたい。なお「長い十九世紀」は、暦の上の十九世紀（一八〇一―一九〇〇年）とは異なり、フランス革命が起こった一七八九年から第一次世界大戦が始まった一九一四年までの一二五年間と捉えるのが一般的である。ただし例外もあり、ラルフ・プレーヴェというドイツ軍事史の大家は、一七六五―一八九〇年と考えた。以下では、細かい年代にあまりこだわらず紹介を進めたい。

まずは文化系、なかでも文学から始めよう。十八世紀の文学は人間の理性を信頼する啓蒙主義が中心だったが、十九世紀の文学では、歴史や民族の伝統を尊重するロマン主義が盛んになった。有名な例としては、ドイツのグリム兄弟やハイネ、フランスのユーゴー（『レ・ミゼラブル（ああ無情）』）、イギリスのバイロン、アメリカのホーソンやエマーソンなどがあげられる。十九世紀後半には、資本主義の問題の噴出もあり、人生の真実をありのままに描写しようとする写実主義や自然主義の文学が生まれた。たとえば、フランスのスタンダールやバルザック、ゾラ、イギリスのディケンズ（『二都物語』）、ロシアのドストエフスキーやトルストイなどの作家がいる。

なお前出のフランク・ノリス（Frank Norris）は、ロマン主義から自然主義へ移行した。作家によっては作風が変わることもありえたのだ。

美術でも、文学とよく似た分類がなされる。ロマン主義絵画の画家としては、フランスのドラクロワ、写実主義・自然主義絵画の画家としては、ミレー、コロー、クールべらがあげられる。文学にない分類としては印象派絵画があり、フランスのマネ、モネ、ルノワールやオランダのゴーガン、ゴッホがその担い手とされる。人間が感じる印象を描く印象派絵画が生まれた理由としては、写真の登場によって絵画が写実性で劣るようになったことやジャポニスムの影響があげられる。なお、印象派の彫刻ではフランスのロダンが有名である。

音楽では、古典派音楽（クラシック音楽）の作曲家としてドイツ語圏のバッハ、ヘンデル、ハイドン、モーツァルト、ベートーヴェンらがあげられる。なお、ロマン・ロラン著『ベートーヴェンの生涯』片山敏彦訳、岩波書店（岩波文庫）、二〇〇七年は感動的な著作であったので一読を勧めたい。文学や美術と共通する分類としてはロマン主義音楽があり、シューベルトやシューマン、ショパン、ワグナーらがその担い手とされる。美しい楽曲に心惹かれるものがある。

次に科学系へ移ろう。人文・社会科学のなかでも哲学は、十八世紀末以降ドイツで大きく発展し、そのドイツ観念論哲学の祖はイマニュエル・カント*とされる。その後、ドイツ観念論哲学はフィヒテやシェリングらによって継承され、ヘーゲル（Hegel）が弁証法哲学（dialectic philosophy）で完成した。以後分派したヘーゲル左派

*イマニュエル・カント（一七二四―一八〇四年）

『純粋理性批判』『実践理性批判』『判断力批判』の三批判書が有名である。だが晩年の『たんなる理性の限界内における宗教』が咎められ、勅令で、宗教に関する以後の発言禁止処分を受けた（中島義道『晩年のカント』講談社（講談社現代新書）、二〇二一年、一〇頁）。

からカール・マルクス（Karl Marx, 第Ⅰ部第十一講に前述）が弁証法的唯物論をたて、唯物史観（the materialistic conception of history）を主張する。そしてショーペンハウエルのペシミズム（厭世主義）を経て、ニーチェの超人思想へ発展した。ニーチェの死後、彼の超人思想がナチス・ドイツに悪用されたとされる。

一方、イギリスではジェレミー・ベンサムが有名な「最大多数の最大幸福」を唱え、功利主義（utilitarianism）を説く。彼の現実主義的な思想は、ジョン・スチュアート・ミルやハーバート・スペンサー（後者は、社会進化論（the theory of social evolution）を提唱）にも影響した。なおこの（別名）社会ダーヴィニズムは世界的に大流行したが、国によって解釈が違った。スペンサー自身は、国家権力の拡大に反対し、「レッセ・フェール」に戻ることを提唱したが、ドイツでは「現存の国家」は「生存競争や適者生存」の結果なので正しいものだとされた。よって英米と違ってドイツにおける「社会進化論」は、「国家の個人に対する絶対的優位」を正当化する権力思想に発展するのである。

歴史学では、史料の厳密な検討によって史実の究明をはかる近代史学が、ドイツのランケによって基礎づけられた。また、法律は各民族に固有なものだとする歴史法学が、ドイツのサヴィニーによって主張される。そしてなんと経済学でも、ドイツに歴史学派経済学が生まれた。フリードリヒ・リストがその例である。一方、当時でも、経済の一般法則を研究したイギリスの古典派経済学は存在した。マルサス（Thomas Robert Malthus）の『人口論』やリカードの比較生産費説などがその実例である。特にマルサスの『人口論』では、食料は等差級数的（1, 2, 3, 4, …）に増加するが、人口は等比級数的（1, 2, 4, 8, …）に増加するので、貧困が必然的に生じると説かれた。彼の議論の脆弱な点については参考文献の説明を参照されたい。

最後に、自然科学と地理上の探検を確認しておこう。当時の自然科学は、もはや現代的な雰囲気を帯び始めていた。物理学の分野では、マイヤーとヘルムホルツがエネルギー保存の法則を発見した。レントゲンはX放射線を発見し、キューリー夫妻はラジウムを発見した。医学の分野では、パストゥールが狂犬病の予防接種に成功する。そしてコッホは、結核菌やコレラ菌を発見した。生物学の分野では、チャールズ・ダーウィン（Charles Darwin）が『種の起源』を発行し、進化論（evolutionary theory）を提唱する。加えて電気や石油化学の分野では技術革新が進み、「第二次産業革命」に貢献することになった。

地理上の探検に注目すると、クックは太平洋を探検し、イギリスの太平洋方面進出の基礎作りに貢献した。リヴィングストンとスタンリーは、当時、ヨーロッパ人には未知であったため「暗黒大陸」とされていたアフリカ大陸を探検し、後者が前者を救出した。極地も未知であったためアムンゼンとスコットは、お互いに競争しつつ南極点を探検し、犬そりを利用した前者が先に到着したのであった。

参考文献

リチャード・ホフスタター『アメリカの社会進化思想』後藤昭次訳、研究社、一九七三年。

エリック・フォーナー『アメリカ自由の物語（上）――植民地時代から現代まで』横山良・竹田有・常松洋・肥後本芳男訳、岩波書店、二〇〇八年。

横山良「エリック・フォナー『アメリカの自由の物語』を読む」『アメリカ史評論』第一七号、一九九九年、二二一―三四頁。

Erich, Fromm, *Escape From Freedom*, Kinseido, 2010.『自由からの逃走』（一九四一年）。自由と不安が一セットか、隷従と安心が一セット。ゆえに安心欲しさに自由から逃走したのではないか、とドイツ人を分析した。一九三〇年代のナチスの勃興を背景としている。

田中浩『ホッブズ　リヴァイアサンの哲学者』岩波書店（岩波新書）、二〇一六年、一五四頁。

トマス・ロバート・マルサス『人口論』斎藤悦則訳、光文社古典新訳文庫、二〇一一年。同書の三五頁は、アメリカの「等比級数的」な人口増加率とイギリスの「等差級数的」な食糧増加率を紹介する。しかし、アメリカのある地方の事例では、二五年後に人口が二倍になると述べているが、五〇年後の検証はしていない。これでは、数学（の帰納法）的に証明ができているとは言い難い。同書の二九七頁によるとマルクスもマルサスを批判していた。

小野塚知二『経済史　いまを知り、未来を生きるために』有斐閣、二〇一八年。同書の三四八頁によると、十九世紀半ばのマルクスやエンゲルスは、国家とは、階級支配の抑圧的な道具にすぎないと消極的な意味しか見出さなかった。一方ラサールは、国家にはもっと積極的な役割があるはずだと主張した。国家の役割とは、社会民主主義的な方向への改良を促進するものだ、と。

第九講

革新主義時代のアメリカと「世紀転換期」の欧米の帝国主義

革新主義時代のアメリカ――社会規制の始まり

ここ二回ほど「金ぴか時代」の検討が続いたので、当時の自由放任主義社会をごく簡単におさらいしよう。一八六五年終了の南北戦争後、経済界に対する政府の軍事的要請がなくなった。それゆえ民間企業による完全に自由な活動、つまり金儲けが可能になる「金ぴか時代」が到来する。その結果、鉄鋼のカーネギーや石油のロックフェラー、大鉄道会社など、巨大企業が出現した。しかし、彼ら「強盗貴族」たちは自分たちがガッポリ儲けたいため、貧しい労働者を低賃金で酷使した。そこで、巨大企業側とは逆に労働者側は、政府の介入による経済的不平等の是正を望むようになっていく。

こうした自由放任主義社会の流れを受けて、次の革新主義時代（十九世紀末―第一次世界大戦期）には、さまざまな社会規制法が全国レベルで制定されていく。以下では、強盗貴族の一典型とされる鉄道企業に対する各種の法律を年表風に確認する。

一八八七年には州際通商法が制定され、州際通商委員会（Interstate Commerce

Commission, ICC）が創設された。このＩＣＣは州をまたいだ鉄道会社の運賃を設定する規制権限をもつことになる。次に一八九〇年にはシャーマン反トラスト法（Sherman Anti-Trust Act）が制定された。同法は、何も鉄道企業に限って適用されるわけではなく、さまざまな業種における独占的行為の取締りを規定したものである。ただし、いわゆる「ざる法」（ざるの目のように粗く、抜け道の多い不備な法）として有名であった。鉄道企業に限定して以後制定された法律としては、ＩＣＣの運賃規制権限を強化した一九〇六年のヘッバーン法や一九一〇年のマン－エルキンズ法があげられる。そして第一次世界大戦期の一九一四年には、シャーマン法を強化したクレイトン反トラスト法（Clayton Antitrust Act）が制定された。同法も鉄道企業限定の法ではない。大戦期に鉄道企業を対象に制定された法としては、一九一六年のアダムソン法があった。この法律は、鉄道労働者の労働時間を一日八時間に限定したものである。

以上のように鉄道の場合だけでも、それまでの自由すぎる活動をある程度制約するため、数年おきに規制法が制定されていった。自由放任主義社会を徐々に規制するこうした傾向は、第一次世界大戦中まで続く。したがって第一次世界大戦期は、「革新主義の完成」と位置づけられることもある。ただし、大戦後の一九二〇年代には、自由放任主義的な雰囲気が社会を再び覆うことになるが。それゆえ一九二九年には過剰生産、過小消費により世界大恐慌が訪れたとも考えられる。

革新主義時代の法制史をこのように概観すると、次のように結論付けることができよう。アメリカ社会の文化的特徴は、自由放任（laissez-faire）とその規制政策（regulatory policy）の繰り返しだと。なぜなら、どちらかに偏りすぎると社会がおかしくなるからである。自由放任に偏りすぎると恐慌が起きかねないし、規制政策に偏りすぎると共産主義社会のようになりかねない。このように不安定なところが、資本主義経済の欠点とも言えるのではなかろうか。

「世紀転換期」の欧米の帝国主義

では、本講後半部に入ろう。アメリカ社会が革新主義時代を迎えていた十九世紀末以降、国際的には、帝国主義が成立していったとされる。当時の帝国主義の世界的傾向や欧米列強の国情、およびアフリカ大陸の分割状況を順に整理していこう。

まず、帝国主義の世界的傾向を簡単に概観する。十九世紀半ばからイギリスの産業革命や資本主義は、欧米各国に広がった。特にドイツやアメリカの資本主義の発展は、軽工業用以外のさまざまな新技術の開発を伴うので、第二次産業革命（the Second Industrial Revolution）と呼ばれる。そこでは電力・石油などの新しいエネルギー源を使い、鉄鋼業や重化学工業など重工業部門が発達した。そのため新商品が大量に生産され、企業の集中独占（カルテル・トラスト（trust）・コンツェルン）が促される。また金融資本も登場した。したがって、自国商品の市場や新資源の供給地、余剰資本金の投与地として植民地（colony）の重要性がいっそう高まる。帝国主義列強が自国の植民地を求めて相互に争い、世界分割へ邁進したのであった。

こうして世界分割へ邁進した帝国主義列強は、いかなる国情を個別に抱えていたのだろうか。一八七〇年代以降、帝国主義の傾向が早くも強まったイギリスをまず取り上げる。当時の保守党のディズレイリ首相は、スエズ運河（the Suez Canal）の株式を一八七五年に買収し、エジプトの内政に干渉した。保守党員で植民地相になったジョゼフ・チェンバレンも、国内の社会問題の解決に植民地開発が必要だとして南アフリカ戦争（「ボーア戦争」）を一八九九年から指導する。いわゆる社会帝国主義である。こういう社会問題をごまかすための帝国主義に労働者や社会主義者らが反発した。彼らは知識人の協力も得て、労働党が一九〇六年に発足する。一方、当時の自由党内閣は、アイルランド自治法を一九一四年にようやく成立させた。だが、アイルランドからの分離を主張する北アイルランド（アルスター）のイングランド人と、アイルランド人のシン・フェイン党が対立する。ただ同法の実施は第一次世界大戦の開戦を理由に延期された。

次に、フランスやドイツ、ロシアについては、第I部第十一講の終盤を参照されたい。

列強の最後にアメリカを取り上げよう。アメリカでは一八八〇年代末までにフロンティアが消滅し、海外進出の気運が高まった。共和党のマッキンリー大統領は、一八九八年の米西戦争（the Spanish-American War）の戦勝後、キューバを保護国化し、フィリピンやハワイ等も獲得・併合する。翌一八九九年にアメリカは太平洋から東アジアに進出を企て、国務長官のジョン・ヘイが中国の門戸開放宣言（the open-door policy）を発した。次のセオドア・ローズヴェルト（Theodore Roosevelt, TR）大統領は、国内では革新主義を唱え、反トラスト法などを使って資本家のゆきすぎを抑える。だが国外では積極的な外交、棍棒外交（Big Stick Diplomacy）を展開し、中南米諸国に干渉した。なお彼は、日露戦争の調停にあたり、ポーツマス条約を結ばせた。大戦期のウィルソン（T. Woodrow Wilson）大統領（民主党）も「新自由主義」を掲げ、クレイトン反トラスト法の制定など、国内の革新主義政策を引き継いでゆく。一九一四年にはＴＲが工事を始めたパナマ運河（the Panama Canal）を完成させた。ヨーロッパ各国ほど社会主義政党が目立たないのがアメリカの特徴と言えよう。

本講の最後に、アフリカ大陸の分割を概観する。アフリカ大陸は、二〇世紀初頭にはほとんどすべて列強の植民地になっていた（独立を保っていた例外はリベリアとエチオピア）。エジプトや南アフリカに干渉し、南北アフリカの要地をおさえたイギリスは、カイロ（エジプト）・ケープタウン（南ア）・カルカッタ（インド）を結びつけ、広大な世界支配の完成をめざす。これらの重要都市のイニシャルを取って３Ｃ政策*（3C Policy）と呼ばれ、その一部がアフリカ縦断政策であった。一方フランスは、自国の植民地アルジェリアとマダガスカルを連結しようとしてスーダンに入る。いわゆるアフリカ横断政策である。その結果、英仏の軍は接触し、ファショダ事件（the Fashoda Incident）がおこった。しかし両国は、共通の敵ドイツを恐れ、フランスが結局妥協し、後の英仏協商の締結へと至る。その他の列強の例を見ると、イタリアがリビアを、ベルギーはコンゴを自国の植民地にした。ドイツは諸国に対抗してモロ

＊３Ｃ政策と３Ａ政策
世紀転換期の日本は、アメリカが３Ａ政策を採用する可能性を恐れたとされる。３Ａ政策とは、アメリカからアラスカを経てアジアに至るルートを構築することである。

ッコ事件をおこすが、英仏の協力で進出におおむね失敗した。
帝国主義時代、アフリカ大陸で見られたようなドイツに対する英仏両国の協力的な外交に、勢力均衡（Balance of Power）政策がとくに見出される。第一次世界大戦に至る背景が醸成されたのであった。

参考文献

布施将夫『補給戦と合衆国』松籟社、二〇一四年、一二頁。

第十講 ヨーロッパにおける第一次世界大戦と大戦間期

前講の末尾に引き続き本講でも、二大陣営による世界大戦前の国際対立の激化から話を始めよう。ドイツ皇帝ヴィルヘルム二世（Wilhelm II）は、大海軍建設に加え、イギリスの3C政策に対抗してベルリン・ビザンティウム・バグダードを結ぶ「3B政策（3B Policy）」をとり、バグダード鉄道の建設を構想した。外交面では、ビスマルクが残した三国同盟（The Triple Alliance）（一八八二年、独・墺・[伊]）がドイツ側の陣営として存在する。一方、イギリスは一九〇二年の日英同盟、一九〇四年の英仏協商、一九〇七年の英露協商などで各国と協調し、一八九一年の露仏同盟も存在した。よって、英・仏・露の三国協商（The Triple Entente Cordiale）が、反ドイツ側の陣営として成立する。協商は同盟ほど強力な関係ではないとはいえ、三国協商対三国同盟という構図がヨーロッパでひとまずできあがった。

同盟側と協商側の最初の対立は、東南ヨーロッパのバルカン半島（the Balkan Peninsula）（「ヨーロッパの火薬庫」）で発生した。ロシアに支援されるパン・スラヴ主義（Pan-Slavism）と、ドイツ・オーストリアの勢力伸長をはかるパン・ゲルマン主義

(Pan-Germanism)が対峙したのである。この対立のなかオーストリアはボスニア・ヘルツェゴビナを併合した。その上、トルコの領土の奪い合いで生じた(第一次・第二次)バルカン戦争などで、同盟と協商の両陣営の関係はいっそう悪化していく。

では、国民生活もまきこむ総力戦に結果的になった「第一次世界大戦」(一九一四—一八年)と大戦中のロシア革命(一九一七年)を順に検討していこう。一九一四年六月二八日に、オーストリア皇太子フランツ・フェルディナント大公夫妻がボスニア州の首都サライェヴォでセルビア人プリンチプに暗殺される(サライェヴォ事件)。一カ月間の交渉後、オーストリアはセルビアに宣戦布告する。当初のオーストリアの認識では、第三次バルカン戦争を始めるという程度であったが、同盟・協商関係に基づく宣戦布告の連鎖の結果、独・墺の同盟国は、英・仏・露など連合国(元協商側)と戦うことになる。第一次世界大戦の勃発である。なおイタリアは、当初中立であったが、後に連合国の一員として参戦する。

露仏による東西からの二正面作戦を強いられるドイツでは、戦前から、時間に基づく作戦計画が練られていた。人口密度も鉄道網も稠密なフランスの方が、そうではないロシアよりも早く、兵力の動員を完成するだろう。ゆえにドイツ陸軍としては、フランス軍を先に叩き、ロシア軍を後に攻めるべきだ。参謀総長の名をとったこのシュリーフェン・プランに基づき、大戦初期に快進撃したドイツ陸軍はパリを脅かしたが、マルヌの会戦で阻止されて「西部戦線」は膠着した。この状態の打破をめざしたドイツ軍のヴェルダン(Verdun)要塞の攻撃*、連合軍のソンム(Somme)

＊ヴェルダン要塞の攻撃
八四三年のヴェルダン条約はフランスの起源なので、ヴェルダンは、フランス成立の歴史的原点の地である。ゆえにフランス軍はこの地を見捨てないだろうと考え、ドイツ軍は同要塞を攻撃した(木村靖二『第一次世界大戦』筑摩書房(ちくま新書)、二〇一四年、一一一頁)。

反撃はともに失敗する（レマルク『西部戦線異状なし』）。ただし、ドイツ東部の戦線「東部戦線」では、自国領土内に侵入したロシア軍をドイツ軍はタンネンベルクの戦い（the Battle of Tannenberg）で完璧に撃破した。勝ち誇ったドイツ軍は、そのままロシア領土の奥深くへ火を放ちつつ進撃していく。

だが戦局は徐々に転換し、終結へと向かっていく。陸上の攻勢の一方、海上でのドイツは戦略上劣勢であった。イギリス艦隊とのユトランド沖海戦後、ドイツ海軍は制海権を失い、物資調達にも困りはてたため、潜水艦（Uボート）で敵を悩ますのみとなる。しかもドイツが、一九一七年二月に無制限潜水艦戦（unrestricted submarine warfare）を始めると、それまで中立的だったアメリカまでドイツに宣戦布告する（四月）ことになった。そこで国内の反戦気分が濃くなったドイツは、翌一九一八年に西部戦線で大攻勢「ルーデンドルフ攻勢」に出るが、失敗し退却し始める。ドイツ国民の動揺はさらに高まり、キール軍港の水兵の反乱（十一月）を契機に革命が各地に広まっていく。皇帝ヴィルヘルム二世は亡命し、共和国が宣言された。この共和国の人民代表委員会が、十一月十一日に連合国と休戦したのである。翌一九一九年に、社会民主党のエーベルトがヴァイマル共和国の大統領に選出された。

このほぼ同じころにロシア革命がおこる。ドイツ軍に敗れ、物資も不足したロシア国内は不穏な状況になる。首都ペトログラードでストライキや暴動がおこり、軍隊でも反乱がおき、ソヴィエト（会議）が再び組織された。この革命でロシア皇帝（ツァー）は退位を強制され、帝政は一挙に崩壊した。一九一七年の三月革命（グレゴリオ暦）である。その後、メンシェヴィキが臨時政府を一時的に成立させたが、レーニンが亡命先から封印列車で帰国すると、ボリシェヴィキの勢力が強まり、全国に広がる。このボリシェヴィキ勢力が、レーニンやトロツキーの指導下で武装蜂起して臨時政府を倒し、一党独裁政治を樹立してゆく。これが一九一七年の十一月革命である。

このようにソヴィエト政権は成立したが、干渉戦争に以後悩まされる。このボリシェヴィキ政府は、翌一九一八年にブレスト＝リトフスクでドイツと不利な条件の単独講和条約を結ぶ。その後ボリシェヴィキは共産党（the Communist Party）と改称し、モスクワに遷都する。ソヴィエト社会主義共和国連邦がロシアにかわって成立したのである。しかしこの政権に対し、国内では旧軍人などの反革命軍（白軍）が内戦を展開する。加えて日米など諸外国も反革命軍を助け、自軍をシベリアに出兵した。日本の場合、「シベリア出兵」と呼ばれる。それゆえソヴィエト政権は、こうした対ソ干渉戦争に対抗するため、赤軍を組織した。

ソ連を別にすると一九一八年十一月十一日に第一次世界大戦は「休戦」した。そこで以下では、戦後の「ヴェルサイユ体制」下の欧米を検討しよう。一九一九年にパリ講和会議が開かれ、ドイツと連合国の間にヴェルサイユ条約（the Treaty of Versailles）が成立した。敗戦国のドイツは全植民地を失い、国境地帯を割譲し、軍備は制限され、多額の賠償金を課せられた。この過酷な条約の基礎になったのは、アメリカ大統領のウィルソン（Thomas Woodrow Wilson）が戦時中に発表した十四カ条（無併合無賠償・軍備縮小・ヨーロッパ諸国民の民族自決・国際平和機構の設立等）のはずである。ところが実際の会議では、イギリスのロイド・ジョージ首相やフランスのクレマンソー首相がドイツに報復的だったので、この原則の精神は相当歪められた。オーストリアやトルコの帝国も解体させられる。ただ、世界平和を目的とする史上初めての大きな国際機構となった国際連盟（the League of Nations）は設立され、連盟の本部はスイスのジュネーヴにおかれた。だが侵略者への罰は経済制裁ぐらいであった。

以後、国際連盟を軸とした国際協調主義は発展したのだろうか。多額の賠償金に苦しんだドイツが支払いを止めると、フランスはルール工業地域（西独）を軍事占領（the Ruhr occupation）した。だが、こうした大戦後の混乱が収まると国際協調の動きが高まってくる。たとえば、国境の現状維持やラインラントの非武装化などを取り決めたロカルノ条約が一九二五年に結ばれた。このような協調の動きは西欧だけではなく、一九二一―一九二二年に開かれたワシントン会議（the Washington Conference）の結果、海軍軍縮のワシントン条約（the Five-Power Naval Limitation Treaty）が結ばれる。米・英・日・仏・伊の主力艦保有量が五：五：三：一・六七：一・六七に設定された。この会議では、中国に関する九カ国条約や、太平洋の平和に関する四カ国条約も締結され、「ワシントン体制」と呼ばれることになる。ほかにも米仏が提唱した一九二八年の不戦条約（別名ケロッグ・ブリアン協定）や一九三〇年のロンドン会議（米・英・日の補助艦保有量が一〇：一〇：七に）などがあった。

補足として、大戦間期の米英仏三国の様子を確認しておく。大戦後、空前の経済的繁栄をむかえたアメリカは、国際政治上も指導的地位を占めた。一九二九年の大恐慌（the Great Depression）までは、三代の共和党政権のもと、婦人参政権実現など民主主義も発展する。イギリスでも、一九一八、一九二八年の第四、五回選挙法改正で普通選挙が施行された。その結果、労働党が台頭し、一九二九年にはマクドナルド労働党内閣が成立した。大戦直後のフランスは対独強硬政策をとり、前述のルール出兵を行ったが、これは結果的に失敗する。よって左派連合内閣が成立し、ブリアン外相がロカルノ条約や不戦条約の締結（共に前述）に貢献した。総じて各国で民主主義が発展し、平和協定の進展も見られた時代だったと言えよう。

参考文献

布施将夫『近代世界における広義の軍事史——米欧日の教育・交流・政治——』晃洋書房、二〇二〇年、第八章。

第十一講

第一次世界大戦期のアメリカ——産業動員における政府規制と市民的自由の危機

前講に引き続き本講でも第一次世界大戦期を取り上げるが、一九二〇年代の「アル・カポネ」の時代や一九三〇年代の大恐慌時代、一九四〇年代初めの「太平洋戦争」開戦時に関する質問が以前あった。だが残念ながら紙幅の関係上、これらの問題関心にはあまり深く触れられない。そこで以下では、エピソード風に少しだけ言及しよう。

一九二〇年代の「アル・カポネ」の時代は、一八七〇年代以降の「金ぴか時代」と同様に、概ねひどい自由放任時代とされる。ただ、一九一七年のソ連の誕生でレッドスケア（や赤狩り）が生じ、社会に「不寛容の精神」（前述）も見られた。その典型が禁酒法とされる。そこで、カポネのようなギャングが密造酒を作って暗躍する余地ができたのだ。なお、二〇〇九年に西海岸のサンフランシスコに布施が行った時、カポネも収監されたアルカトラズ島を間近に見た。意外なほど近いので、水泳が達者なら脱獄可能ではないかと思えたほどである。

一九三〇年代の大恐慌時代は、一九二九年から始まった世界大恐慌で失業者が激増し、自殺者も急増した。だが意外とアメリカの一般市民の生活は、第二次世界大戦中の日本ほど命にかかわるような貧しさではなく、電気やバター、砂糖などをかなり自由に使えるほど余裕のあるものであった。ゆえに当時の自殺者急増は、物理的な貧困よりも、精神的な絶望感が大きな役割を果たしたものだと考えられる。

一九四〇年代前半の「太平洋戦争」（最近はアジア太平洋戦争とも表記）は、第二次世界大戦開戦（一九三九年）の二年後の一九四一年から始まった。その最初の戦闘は、日本海軍によるハワイ真珠湾攻撃である。日本軍から先に戦闘を始めるよう仕向けたのは、実はアメリカのフランクリン・ローズヴェルト大統領だというＦＤＲ陰謀説は通説になりつつあるようだ。ただ、真珠湾は底が浅く、被害を受けたアメリカ太平洋艦隊はすぐ修理できたので、物理的効果は小さかったようである。やはり、その心理的効果が歴史上大きな問題になる。

では、本講の主題である第一次世界大戦期のアメリカの検討に入ろう。まず、当時の産業動員（industrial mobilization）における政府の規制について考えたい。結論を先取りしておくと、最終的には肯定的側面が見えてくると思われる。

第一次世界大戦はヨーロッパで一九一四年夏に始まったが、アメリカがこの大戦に参戦したのは一九一七年四月のことであった。ゆえに、三年弱のこの間の時期から参戦直後にかけて、民間産業（private industry）の動員を目的とした行政機関がアメリカで新設されてゆく。たとえば、一九一六年には国防評議会（Council of National Defense, CND）や同諮問委員会（National Defense Advisory Commission, NDAC）、一九一七年夏には燃料庁や食糧庁、戦時産業局（War Industries Board, WIB）、一九一七年末には鉄道庁などが創設された。

戦争の遂行に貢献するため、国内の産業の力を根こそぎ動員しようとしたこれらの行政機関には失敗例も多い。たとえばCNDとNDACは共に権限が広すぎるのに、両者の権限の境界が曖昧だったので譲りあい、結局権限を行使せず、諸産業の管理に失敗した。一方、大戦末期のWIBは、フォード社ら自動車産業に軍用車の製造を強要する。軍用車を作らなければ、石炭や鉄鋼の供給を制限すると警告したのである。だが、自動車産業は、戦後の大衆市場の獲得を狙って民間乗用車の製造を続けたかったので激怒した。後者のWIBの例では、CNDやNDACの例とは逆に、国が民間に対し強制的すぎたことから生じた失敗であった。

これらと対照的に、民間産業の力をうまく引き出した行政機関もあった。燃料庁や食糧庁は民間に対し穏便すぎて炭鉱のストライキや食糧不足を招いたこともあったが、鉄道庁は、全米の鉄道網四〇万マイル（約六四万キロメートル）すべてを国家の管理・運営下におけたのである。南北戦争時のUSMRRとは大違いで、鉄道網の規模も管理の比率も十倍以上になった。この成功の要因には、強力な初代鉄道庁長官ウィリアム・マッカドゥー（財務長官兼任）が、クレイトン反トラスト法の制限や他省庁の干渉の排除など、産業界の要求をかなり実現してくれたことや、民間の人材を鉄道庁が積極的に採用したことがあげられる。すなわち鉄道庁は、行政機関であったにもかかわらず、民間の力もうまく活用できたのである（なおマッカドゥーは、ウィルソン大統領の娘婿でもあった。かなりの「年の差婚」だったので、大統領が喜んでいたとは言えないが）。

以上の結果、大戦中の鉄道庁は渋滞の軽減や運送サービスの合理化などで高く評価された。にもかかわらず戦争が終わると、ソ連のような計画経済化が恐れられ、この鉄道庁は一九二〇年に廃止される。しかし大戦間期の民間鉄道産業は、第一次世界大戦期の経験から国家への協力に前向きになる。国もそうした協力を調整する仕組みを提供した。これは、自由放任主義経済と国家統制主義経済との中間で、例外的な存在の「混合経済」*（a mixed economy）と捉えうるのではなかろうか。

では次に、第一次世界大戦期のアメリカにおける市民的自由について検討しよう。市民的自由のなかには危機に陥ったものもあったので、以下では否定的側面に注目することになろう。

大戦中のアメリカでは、戦争を進める国の方針に市民が喜んで従うよう、彼ら市民の精神的な動員も実施された（なお戦時動員には、産業動員や精神動員、人的動員の三つがある）。しかしこの精神動員が行き過ぎると、政府の政策に対する建設的な修正案や批判まで封殺されることになる。つまり、言論・表現の自由などの市民の自由が、政府の政策を守ろうとするあまり、抑圧されることになった。

市民の自由を抑圧する側として有名なのが、情報宣伝委員会（Committee on Public Information, CPI）や郵政省、司法省、民間のアメリカ防衛同盟（American Protective League, APL）などである。たとえばＣＰＩの場合、映画館などで愛国的な広報・演

＊「混合経済」と involuntary voluntary method

大戦間期の「混合経済」という用語は、ノーベル賞受賞経済学者ポール・サミュエルソンの概念から借用した。ただし、大戦中の経済体制は involuntary voluntary method（非自発的自発的手法）に基づくものであった、と指摘する歴史家（ロナルド・シェーファー）もいる。

説活動を展開したし、郵政省の場合、封筒を開封してチェックするなど郵便検閲を実施した。民間のAPLは、実際にいるかどうかわからない敵国ドイツのスパイ狩りをおこなった。コロナ禍の日本における「自粛警察」の発展版と思えば連想しやすいだろう。

一方、市民的自由を抑圧された側として有名なのは、良心的兵役拒否者（Conscientious Objectors, CO）や労働運動（Industrial Workers of the World, IWW）、ドイツ系アメリカ人や黒人などであった。たとえば、おおむね宗教的理由で徴兵を拒否したCOは、軍務の代わりに農場等で働かされたが、そこでさまざまな虐待を受けた。COの「良心」を矯正するため、冷水をぶっかけるwater cureや就寝中に急に起こすwake cureなどの体罰や拷問がなされたのである。また労働運動組織の世界産業労働者組合（IWW）は組織として壊滅させられた。そして敵国のドイツ語は音楽や演劇で禁止され、「ザウワークラウト」（酢漬けキャベツのこと）は「リバティ・キャベツ」と改称された。最後の例は、後の第二次世界大戦中の日本とよく似ている。当時の日本社会でも、ベースボールなどに類する英語は敵性言語として禁じられ、「ストライク」は「よし一球」などと改称された。

このように、第一次世界大戦期のアメリカでは、「自由の国」というイメージが強いのに市民的自由が脅かされる否定的側面があった。一方、戦時中の産業動員がうまくいった業界では、戦後の平時でも理想的な「混合経済」に至ったかに見える肯定的側面があった。以上のように、同じ時期の同じ国でも、複合的な視点で社会や経済を捉えることが重要だと思われる。

参考文献

布施将夫『補給戦と合衆国』松籟社、二〇一四年、第五章。
今津晃編著『第一次大戦下のアメリカ——市民的自由の危機——』柳原書店、一九八一年。

第十二講

総まとめとリフレクション

復習問題例：中世篇

①一〇九五年から始まったキリスト教徒の十字軍は、イスラム世界から、古代ギリシアの学問やアラビアの先進的な学問をヨーロッパにもたらした。その結果ヨーロッパ世界の哲学は、神学的なものから合理的なものへ転換する。ではこの時代の学問傾向は、近代初頭のイタリアで開花した文芸復興運動にもじって何と呼ばれたか？

②アラビアのアヴェロエスの二重真理説は、真理を二分して、両方とも容認した。彼は、信仰から解放された何の自立を求めたのか？ なお、これを当時のアリストテレス主義も認識論の前提にしていた。漢字二字で答えよ。

③中世末期の時代背景と、それがもたらした思想変化についての説明文を次に

示す。空白部を考察せよ。

中世末期、トマスによる哲学と宗教の生温い融和をうけいれる心情が崩れ始める。長引く（　　　　）と人口停滞、（　　　　）による不作・飢饉、（　　　　）の流行などにより成長の時代が終焉した。しかも（　　　　）で、無力なキリスト教会自体が危機の時代に平和の主役たりえなかった。よって、急進的な思想が人々に求められるようになる。［そこで学問と宗教の明確な分離を主張する「　　　　の　　　　」へ］

④中世哲学の大成者としてはトマス・アクィナスがあげられる。だがトマス以前の時代にもヨーロッパには知的巨人が二人いた。その二人とは、アリストテレスとアウグスティヌスである。ではその二人は国家をどう考えたのか？　そして対照的な二人の考えを調和・総合したトマスは、何という学問を集大成したのか？　次の文中の空白部を考えよ。

アリストテレスは、人間にとって「至高の共同体」である国家（ポリス）を、家族や村を経て成長する（　　　　）と考えた。

一方、アウグスティヌスは国家を、人間の罪を矯正する強制力だと捉えたので、アリストテレスとは対照的に、国家が（　　　　）によるものだと考えた。

そして、前述の両者を調和・総合したトマス・アクィナスは、中世（　　　　　）を集大成したのである（国家についても古代的な考えと近代的な考えの萌芽を示した）。

復習問題例：近代篇

①フランスの近代史に関する次の文中の空白部の答えを検討せよ。

フランスでは百年戦争以来、中央集権が進行した。だが宗教改革の結果、もとはスイスのジュネーブで始まった（　　　　　）派のプロテスタント［新教徒］が増えると、彼らとカトリック［旧教徒］の間で（　　　　　）戦争（一五六二―九八年）がおこる（例：サン＝バルテルミの虐殺）。元々は新教徒のアンリ四世が王位につき、旧教に改宗し、一五九八年のナントの勅令（信仰の自由を両派に承認）を発布すると、この内乱は終了した。

このアンリ四世から、有名なブルボン朝が始まる。ルイ十三世の宰相（　　　　　）は、ドイツ三十年戦争への介入で、ルイ十四世（太陽王）の宰相マザランは貴族の反乱の鎮定で、そして太陽王の蔵相（　　　　　）は重商主義政策の実施で有名になった。なおこの王は、成人して親政を始める際、悪名高い（　　　　　）説を採用した。

②イギリスの近代思想に関する次の文中の空白部の答えを検討せよ。

ルイ十四世（太陽王）が採用した説に対抗し、イギリスでは、国家の起源を合理的に説明する（　　　　）説が発達した。その代表的な二人が（　　　　）と（　　　　）である。

前者は、人間の自然状態を「万人の万人に対する闘争」と捉え、国家を創設するためには（　　　　）を命ずる自然法が特に必要だと考えた。

一方後者は、人間の自然状態を「平和と善意と相互扶助の状態」だと考えたが、政府の形成後、（　　　　）に基づく立法部に主権の行使を委ねるべきだと主張した。彼のこの理論は、アメリカの独立に大きな影響を与えた。

③ドイツ近代史に関する次の文中の空白部の答えを検討せよ。

当時のプロイセン王国の鉄血宰相（　　　　）は、一八六六年の（　　　　）や一八七〇年の（　　　　）を勝利に導き、ドイツ帝国を成立させた。ドイツ帝国で独裁権力をふるった鉄血宰相は、社会主義者の進出を抑えるため（　　　　）を制定する。だが一方で彼は、労働者の歓心を買うため、（　　　　）も実施した。

復習問題例：アメリカ史概観

①南北戦争の半ばの時期、アメリカ合衆国（北部）のリンカン大統領は国際世論を味方につけるため、ある宣言を発布した。それは何年の何という宣言であったか？

②予想外に長い消耗戦となった南北戦争で、実際に戦う兵士を増やすため、北部は何という法律を制定したのか？

③（南部）再建期には南部の黒人に投票権を与えるなど、理想的な政治が試みられた。この政治は何という政党によるものであったか？

④しかし、前述の理想的な政治はあるテロ組織により、暴力的に破壊されることになった。その組織はアルファベット三字で何というものであったか？

⑤一八七〇年代以降、十九世紀末までのアメリカは軽薄な「金ぴか時代」と名付けられた。この名をつけたのは何という有名な作家か？

⑥しかしこの時代、アメリカはイギリスを抜いて世界一の工業国となり、農業開

発も西部でおおいに進めた。その結果、一八九〇年代初頭には何が消滅したのか?

⑦この時代、工業化や都市化が自由に進むあまり、アメリカ社会に分裂の兆しが生じた。その際、ヨーロッパ的な何という社会が到来すると恐れられたか?

⑧「金ぴか時代」の過剰な工業化の結果、革新主義時代に登場した巨大な企業やトラストは、自社製品だけを売りつけるために市場をどうしたか?

⑨この時代には政治腐敗も生じた。東・南欧からやってきた（政治に疎い）移民の票を基盤にした政党下部組織は何と呼ばれていたか?

⑩対外面でアメリカは、一八九八年の米西戦争に勝ち、カリブ海からアジアに至る領土を獲得した。その際、カリブでは「棍棒政策」を取り、アジアでは勢力均衡を追求することになった。この二つをまとめて、何という名の外交政策だと考えられたか?

復習問題例：十九世紀後半以降

①十九世紀前半には、中国貿易の促進が大陸横断鉄道建設の大きな動機だった。ところが、この鉄道の建設をさらに後押しするような事件が一八四八―四九年に起こる。それは何か？

②十九世紀半ばの当時、大衆の西部への移動熱を盛んにした言説も登場した。それは、アメリカ合衆国の西への膨張を当然だと捉える。何というキャッチ・フレーズか？（日本語名も英語名も付けよ。）

③最初の大陸横断鉄道は、ミシシッピ川から西へ線路をしく鉄道と、太平洋岸（西海岸）から東へ線路をしく鉄道がユタ州で合流して一八六九年に開通した。西海岸から線路の敷設を始めた鉄道会社は、次の二つのうちのいずれか？

A　ユニオン・パシフィック鉄道

B　セントラル・パシフィック鉄道

④③のA・B両鉄道会社では、移民が建設労働力の中心となった。では、何系の労働者が両社の主力となったのか？　二つとも答えよ。

⑤プロイセン王ヴィルヘルム一世が任命した首相は、武力によるドイツの統一を目指し、軍備を拡張した。その結果この首相は、（普墺・普仏など）三つの戦争を勝利に導く。当時の欧州の中心人物たるこの首相は、何という名か？　また、彼の政策は何と呼ばれたのか？

⑥フランク・ノリスの『オクトパス』という文学作品では、鉄道会社の悪者のイメージが強調されていた。当時の鉄道のような、私利私欲だけをしつこく追求する悪徳資本家は何と呼ばれていたのか？（日本語名も英語名も付けよ。）

⑦「金ぴか時代」の自由放任社会は、「階級社会」の到来かと恐れられるほどの状態に陥る。こうした社会における具体的なデメリットは何だったのか？

⑧イギリスのダーウィンやスペンサーの影響を受け、「金ぴか時代」のアメリカで流行した社会進化論は、何を標語（二つ）にしたか。

⑨「金ぴか時代」の自由放任主義的な経済体制を全面的に肯定する保守派は、⑧の思想をもつ論者と同種の国家を求めることになる。それはどんなものか？

⑩第一次世界大戦（革新主義時代）までのアメリカ社会を見通すと、現代の資本主

義社会の特徴は、二つのものの繰り返しとも言える。それは何と何か？

追加問題例

- 第一次世界大戦前の世紀転換期のヨーロッパでは、ドイツ・オーストリアを中心とする陣営と、イギリス・フランス・ロシアを中心とする陣営が、激しく対立した。これら二大陣営は順に何と呼ばれたか。
- 第一次世界大戦は、国民生活もまきこんだ何という戦いに発展したか。
- 第一次世界大戦参戦後のアメリカでは、西ヨーロッパの前線で戦う兵士だけでなく、国内の重要な二つのものも動員した。それらは何と言われたか。
- こうした総動員体制のアメリカでは、市民的自由が抑圧されることもあった。なかでも、概して宗教的理由で戦闘を拒み、虐待まで受けた者もいた。彼らは何と呼ばれたか？

文献案内

・まえがきや第Ⅰ・Ⅱ部の第一講に関するもの

本書を執筆する布施の主著としては、『補給戦と合衆国』松籟社、二〇一四年や『近代世界における広義の軍事史――米欧日の教育・交流・政治――』晃洋書房、二〇二〇年などがあげられる。そこでここでは、これらの書物の目次を手がかりに、筆者の研究の経過を示しておく。まず、『補給戦と合衆国』の目次をあげる。

序　論　鉄道と軍事から見た合衆国形成史
　　　　――南北戦争から第一次世界大戦までを中心に――
　はじめに
　第一節　先行研究の整理――鉄道、軍事、国家
　第二節　理論仮説の構築――国家形態の指標をもとに
　第三節　仮説に則した実証研究をめざして
　結びにかえて
本　論
第一章　南北戦争時の鉄道軍事利用と国家統合
　　　　――戦争前期（一八六一―一八六三年）のヴァージニア戦線における北部を対象に――
　はじめに

第五章　第一次大戦期アメリカの産業動員――鉄道庁創設の意義をめぐって――
はじめに
第一節　ＩＣＣ報告までの鉄道をめぐる政治経済状況
第二節　鉄道庁創設に対するウィルソンの躊躇
第三節　危機的状況における鉄道産業の自発的努力――副社長委員会を中心に
おわりに
結　論　国家形成過程の皮肉
補　論　現代日本における外国史研究の実状と課題――軍事史、戦争史に注目して――
はじめに
第一節　『ドイツ史と戦争』の構造――通時性と共時性の意識的共存？
第二節　『ドイツ史と戦争』の内容分析――アメリカの軍事史・戦争史と対照して
おわりに――比較史の必要性

以上である。この本の内容、特に第一、二、五章については、本書第Ⅱ部の第五、六、十一講などで扱うので、くわしい説明はそちらに譲りたい。
それでは次に、次著の『近代世界における広義の軍事史――米欧日の教育・交流・政治――』の目次をあげる。

序章　軍事史の立場と本書の構成
第Ⅰ部　ドイツ篇
第一章　軍事と鉄道――普墺戦争までのプロシア陸軍に注目して――
はじめに
第一節　ドイツの軍部と鉄道――鉄道利用に関する二つの相反する評価

おわりに
［コラム1］アメリカの鉄道
第六章　一九世紀アメリカ海軍の教育制度——海軍兵学校の規律重視から海軍大学校の効率重視へ——
はじめに
第一節　一九世紀前半のアナポリスにおける規律維持をめぐって
第二節　一九世紀後半の海軍大学校における効率の評価をめぐって
おわりに
第七章　第一次世界大戦期のアメリカ海軍による対日戦争論——補給に基づく戦略——
はじめに
第一節　第一次大戦までのオレンジ計画
第二節　第一次大戦期のオレンジ計画
おわりに
［コラム2］アメリカ海軍と日英同盟——海の両面作戦という幻
第Ⅲ部　二〇世紀の世界政治篇
第八章　二〇世紀の世界における戦争と政治——ナショナリズム、軍縮条約、賠償政治——
はじめに
第一節　第一次大戦前の国際経済とナショナリズム
第二節　大戦間期の軍縮条約と軍拡
第三節　第二次大戦後の賠償政治
おわりに
［コラム3］アメリカ史における「水責め」——虐待から拷問へ
終　章　現代世界における「広義の軍事史」——政治への提言をめざして——

以上である。この本の内容についても、特に第一、四、七、八章については、本書第Ⅱ部の第六、七、十講あたりで言及したので、詳細はそちらに譲りたい。もしご購読いただければ幸甚である。

・第Ⅱ部第二、三、四講に関するもの

ここで主に依拠したのは、定評ある息の長い概説書である。その概説書とは、紀平英作編『アメリカ史』（新版　世界各国史24）、山川出版社、一九九九年で、二〇年後の二〇一九年に装いを改めて（ソフトカバー化・上下巻に分冊化）再版されたほどのものである。ただし、最新の研究傾向でもある人種やジェンダーに関しては、歴史の細分化に陥らぬ程度に触れるに留めた。

・第Ⅱ部第五講に関するもの

南北戦争と鉄道に焦点をあてて検討してみたこの講では、通説で言われていることとはまた違った側面が見えてこよう。そこで以下では、布施ゼミで以前、輪読に使った論集企画を手がかりに、学界の研究者はどのような着目をするのかを見てみよう。具体的には「関西アメリカ史研究会」が出版した論集（「シリーズ：アメリカ史のフロンティア」昭和堂、二〇一〇年十月出版、各二八〇〇円）で、常松・肥後本・中野編『アメリカ合衆国の形成と政治文化』（シリーズ第一巻）と、肥後本・山澄・小野沢編『現代アメリカの政治文化と世界』（シリーズ第二巻）の二分冊の目次を見てみたい。おおむね一冊目は十九世紀末までを対象とした論文が多く、二冊目は二〇世紀初頭以降を対象とした論文が多い。

○各巻の目次　［敬称略］

・（第Ⅰ巻）序論「政治文化再訪」　常松洋
［第1部　アメリカ政治文化の形成］
第1章　環大西洋革命とジェファソン（Thomas Jefferson）の「自由の帝国」　肥後本芳男
第2章　建国期製造業を巡る政治文化の重層性——ハミルトン（Alexander Hamilton）の製造業振興政策
　　田宮晴彦
第3章　ラファイエット（La Fayette）の凱旋と十九世紀の祝賀政治　田中きく代
第4章　コミュニティ創生と健康・治療・食養生——十八〜十九世紀南部におけるモラヴィア教徒の軌跡
　　から　鈴木七美
［第2部　アメリカ政治文化の変容］（本書は、この時代以降が中心）
第5章　南北戦争と奴隷制廃止——合衆国憲法修正第十三条の成立過程を中心に　朝立康太郎
第6章　カラーラインの乗り越え方——南部ポピュリストの闘いにみる　横山良
第7章　浄化される民主主義——「人民」から国民へ　中野耕太郎
第8章　女性結社と経済的自立／律——十九世紀末シカゴの女性によるビル建設　寺田由美
第9章　乳児保護運動と優生学　小野直子

・（第Ⅱ巻）序論「現代アメリカと政治文化の変容」　肥後本芳男
［第1部「帝国」とアメリカ政治文化］
第1章　エリヒュー・ルートの軍制改革——陸軍省参謀部の創設をめぐって　布施将夫
第2章　日本人移民問題をめぐる米国連邦移民政策と国際関係　一九〇六—二四年　水谷憲一
第3章　アメリカの海外膨張とハワイ先住民の併合反対運動　佐野恒子
第4章　ソモサ政権の成立と善隣外交　山澄亨　"good-neighbor diplomacy!"
［第2部　現代アメリカの政治文化］
第5章　第二次大戦期の戦時機関におけるソ連研究の形成と変容　藤岡真樹

第6章　「赤狩り」時代のカーネギー財団と議会調査委員会――「アメリカ的伝統」をめぐる論争　佐々木豊
第7章　アイゼンハワー政権とNATO（North Atlantic Treaty Organization）――拡大抑止をめぐって　小野沢透
第8章　大統領権限の拡大と民主社会――FISAを事例として　大津留（北川）智恵子
第9章　人種の「牙城」から「和解の場」へ――国立アフリカ系アメリカ人歴史文化博物館の設立　落合明子

以上である。卒業論文など、研究テーマの探し方のヒントにして欲しい。

・第Ⅱ部第十講に関するもの

研究会報告タイトル：布施将夫「補給戦と合衆国」二〇一二年二月二七日@京都大学人文科学研究所
参考文献：エドワード・ミラー『オレンジ計画――アメリカの対日侵攻50年戦略』沢田博訳、新潮社、一九九四年。

報告概要：第一次世界大戦に合衆国が参戦したのは、ドイツに対し宣戦した一九一七年四月のことであった。その交戦国ドイツは、大戦前から壮大な戦争計画シュリーフェン・プランを作成し、この計画を改めながら大戦を戦った。しかし、マーティン・ファン・クレフェルトの『補給戦』は、シュリーフェンが「補給軽視」であったため、ドイツは「敗けるべくして敗けた」と結論付けている［以上、一般的説明］。
　では当時、勝者となった合衆国の補給戦は、いかなるものであったのか。クレフェルトは、後のノルマンディー上陸作戦における連合国の補給戦については比較的高く評価しているものの、第一次大戦期の合衆国の補給戦については沈黙している。また合衆国は、「すばらしき小戦争」と形容された一八九八年の米西戦争の間でさえ、補給の失敗を経験していた（肥後本芳男他編『アメリカ史のフロンティアⅡ　現代アメリカの政治文化と世界――二〇世紀初頭から現代まで』昭和堂、二〇一〇年、一〇―一三頁参照）［以上、先行研究の整理］。

そこで本報告では、米西戦争と第二次世界大戦という第一次大戦を挟んだ二つの戦争で、補給に関して相反する評価をされた合衆国が、第一次大戦期にはどのような補給戦の計画・実践をおこなったのかを考察したい［以上、（報告の）目的］。

本報告では、合衆国による補給戦の海上計画と陸上形態で、内容を前後半で分ける予定である。第一次大戦以前の合衆国の仮想敵国は、二〇世紀初頭の日露戦争や日米移民問題が契機となって、ドイツよりもむしろ日本であった。こうした日本に対し、合衆国海軍では「オレンジ・プラン」が作成されていく。そこで報告前半では、この計画に関する決定的研究とされた参考文献の書物を中心に、一九〇六年から一九二二年までのオレンジ計画を概観する。

そして報告後半では、大戦下の合衆国内における陸上補給の実態を取り上げよう。対独計画ブラックを含む大西洋方面の戦争計画はなきに等しいとされたが、その一方、国内の陸上輸送は円滑に進んだのか。一九一七年末に鉄道庁が新設されたのは、陸上輸送問題を救済するためではなかったか。こうした問題意識をもって、大戦下の行政の対応を再考しよう［以上二段落、（報告の）章立て］。

なお、このような議論の組み立て方は、今後の卒業論文等にも役立ててほしい。

あとがき

本書では、おおむね中世から現代初頭までの欧米の歴史を、その文化や思想とからめて論じてきた。これら三つの分野が相互に影響しあい、変化して、現在の姿に至った過程を少しでも感じ取っていただければ幸いである。

では最後に、最近の歴史学において、大きく二つに分かれる考え方について簡単に触れておきたい。まずは「反実在論」的な歴史学の考え方をとりあげよう。過去の現実を書き遺した（一次）史料には、昔の史料記述者の先入観などが反映されている。そしてこれらの史料のなかから特定の史料を選択して整理し、まとめた歴史叙述にも今の歴史家の視点や歴史観がどうしても入り込む。このように歴史叙述とは、昔と今で二重のフィルターをかけて過去の事実を描くようなものなので、厳密に客観中立的な歴史は存在しえない。「反実在論」派はこう考える。

このような考え方に対し、反対派は次のように考える。客観中立的な歴史が実在しないからといって、事実立脚性を無視し、論理的整合性の名を借りて「よくできたお話をつくりあげた方が勝ちだ」と考えれば、歴史学という学問の否定になりかねない。それゆえ、たとえば、ロベスピエールが一七九四年に処刑された、といったような事実が揺るぎないことを客観的に証明しつつ、歴史上の「実在」もあると柔軟に捉えるべきだ。こう考える反対派は、「柔らかな実在論」派と言える。

ここでは、歴史学における「反実在論」派と「柔らかな実在論」派のどちらが妥当かの判断はひとまず措く。重要なことは、最新の歴史学においても、中世の普遍論争を彷彿させる論争が見られることであろう。普遍論争でも、普遍（神、種、類）が実在すると考える「実在論」と、普遍は人間の思考の産物で、唯の名前にすぎないと考える「唯名論」が激しく長く対立した。トマス・アクィナスがいったん止揚したが、ウィリアム・オッカムが再び蒸し返したのである。その結果、両論はついに折り合えず、実在論の系譜はルター以降の宗教活動へ、唯名論の系譜はマキアヴェリ以降の各種科学へ、分岐したと鳥瞰できよう。現在の歴史学上の「普遍論争」がどのような結末を迎えるかいまだ不明だが、思想であれ、業績であれ、先人たちの足どりを辿ることは決して無益ではあるまい。

本書の出版に際しては、同僚の先生方や勤務校の学生諸君をはじめ、極めて多くの方々のお世話になった。また晃洋書房編集部の皆さま、とりわけ山本博子氏には、前著に引き続きご尽力いただいた。心より感謝を申し上げる次第である。

二〇二一年五月

晩春の京都・山科にて

布施将夫

参考文献一覧

邦文文献

明石紀雄『ルイス＝クラーク探検――アメリカ西部開拓の原初的物語』世界思想社、二〇〇四年。

有賀夏紀・紀平英作・油井大三郎編『アメリカ史研究入門』山川出版社、二〇〇九年。

飯田洋介『ビスマルク　ドイツ帝国を築いた政治外交術』中央公論新社（中公新書）、二〇一五年。

伊藤邦武・山内志朗・中島隆博・納富信留編『世界哲学史1――古代Ⅰ　知恵から愛知へ――』筑摩書房（ちくま新書）、二〇二〇年。

稲垣良典『トマス＝アクィナス』清水書院、二〇一六年。

今津晃編著『第一次大戦下のアメリカ――市民的自由の危機――』柳原書店、一九八一年。

潮木守一『アメリカの大学』講談社（講談社学術文庫）、一九九三年。

潮木守一『キャンパスの生態誌――大学とは何だろう――』中央公論社（中公新書）、一九八六年。

潮木守一『フンボルト理念の終焉？――現代大学の新次元――』東信社、二〇〇八年。

小笠原弘親・小野紀明・藤原保信『政治思想史』有斐閣（有斐閣Ｓシリーズ）、一九八七年。

小野塚知二『経済史　いまを知り、未来を生きるために』有斐閣、二〇一八年。

金澤周作監修『論点・西洋史学』ミネルヴァ書房、二〇二〇年。

萱野稔人『国家とはなにか』以文社、二〇〇五年。

紀平英作編『アメリカ史』（新版　世界各国史24）、山川出版社、一九九九年。

木村靖二『第一次世界大戦』筑摩書房（ちくま新書）、二〇一四年。

今野元『マックス・ヴェーバー――主体的人間の悲喜劇――』岩波書店（岩波新書）、二〇二〇年。

斎藤眞『アメリカとは何か』平凡社（平凡社ライブラリー）、一九九五年。

坂井礼文「贈与型資本主義に基づいたコジェーヴの国家論――合衆国は「共産主義」の最終段階に到達したのか――」『社会思想史研究』第三九号、社会思想史学会、藤原書店、二〇一五年、二二六―二四五頁。

坂井礼文『無神論と国家――コジェーヴの政治哲学に向けて――』ナカニシヤ出版、二〇一七年。

佐古丞『変容する国際政治』晃洋書房、二〇〇三年。

佐古丞『未完の経済外交　幣原国際協調路線の挫折』PHP研究所（PHP新書）、二〇〇二年。

佐藤千登勢『フランクリン・ローズヴェルト　大恐慌と大戦に挑んだ指導者』中央公論新社（中公新書）、二〇二一年。

田中明彦『新しい「中世」――21世紀の世界システム――』日本経済新聞社、一九九六年。

田中浩『ホッブズ　リヴァイアサンの哲学者』岩波書店（岩波新書）、二〇一六年。

恒木健太郎・左近幸村編『歴史学の縁取り方――フレームワークの史学史――』東京大学出版会、二〇二〇年。

常松洋・肥後本芳男・中野耕太郎編『アメリカ史のフロンティアⅠ　アメリカ合衆国の形成と政治文化――建国から第一次世界大戦まで――』昭和堂、二〇一〇年。

出村和彦『アウグスティヌス「心」の哲学者』岩波書店（岩波新書）、二〇一七年。

徳善義和『マルティン・ルター――ことばに生きた改革者――』岩波書店（岩波新書）、二〇一二年。

中島義道『晩年のカント』講談社（講談社現代新書）、二〇二一年。

永田諒一『宗教改革の真実――カトリックとプロテスタントの社会史――』講談社（講談社現代新書）、二〇〇四年。

仲正昌樹『マックス・ウェーバーを読む』講談社（講談社現代新書）、二〇一四年。

納富信留『プラトン哲学への道　エロースとは何者か』NHK出版（NHK出版新書）、二〇一九年。

納富信留『プラトンとの哲学――対話篇をよむ――』岩波書店（岩波新書）、二〇一五年。

野口雅弘『マックス・ウェーバー――近代と格闘した思想家――』中央公論新社（中公新書）、二〇二〇年。

肥後本芳男・山澄亨・小野沢透編『アメリカ史のフロンティアⅡ　現代アメリカの政治文化と世界――二〇世紀初頭から現代まで――』昭和堂、二〇一〇年。

布施将夫『近代世界における広義の軍事史――米欧日の教育・交流・政治――』晃洋書房、二〇二〇年。

布施将夫「南北戦争期の鉄道・電信利用と近代戦――シャーマン将軍のアトランタ進撃に注目して――」『軍事史学』第五六巻第二号、軍事史学会、錦正社、二〇二〇年、四―二六頁。

布施将夫『補給戦と合衆国』松籟社、二〇一四年。

文藝春秋編『世界史の新常識』文藝春秋（文春新書）、二〇一九年。

松田武「（特集　アメリカ史研究の回顧と展望）アメリカ史研究の軌跡　日米の比較から」藤重仁子訳『大阪大学言語社会学会誌　EX ORIENTE』Vol. 15、二〇〇八年、一―二八頁。

屋敷二郎『フリードリヒ大王　祖国と寛容』（世界史リブレット人55）、山川出版社、二〇一六年。

山之内靖、ヴィクター・コシュマン、成田龍一編『総力戦と現代化』柏書房、一九九五年。

山本芳久『トマス・アクィナス　理性と神秘』岩波書店（岩波新書）、二〇一七年。

吉見俊也『大学とは何か』岩波書店（岩波新書）、二〇一一年。

渡辺真治・西崎京子訳『アメリカ古典文庫9　フレデリック・J・ターナー』研究社、一九七五年。

翻訳

アーノルド、ジョン・H『1冊でわかる歴史』新広記訳、岩波書店、二〇〇三年。

アーミテイジ、デイヴィッド『〈内戦〉の世界史』平田雅博・阪本浩・細川道久訳、岩波書店、二〇一九年。

ウィリアムズ、ウィリアム・A『アメリカ外交の悲劇』高橋章・松田武・有賀貞訳、お茶の水書房、一九八六年。

ヴェーバー、マックス『ウェーバー政治・社会論集　世界の大思想23』清水幾太郎ほか訳、河出書房新社、一九六六年。

サンデル、マイケル『ハーバード白熱教室講義録＋東大特別授業（上）』NHK「ハーバード白熱教室制作チーム」小林正弥・杉田晶子訳、早川書房、二〇一〇年。

シモンズ、クレイグ・L『南北戦争　49の作戦図で読む詳細戦記』友清理士訳、学習研究社（学研M文庫）、二〇〇二年。

ノーブル、デヴィッド・W『アメリカ史像の探究』目白アメリカ研究会訳、有斐閣（有斐閣選書）、一九八八年。

ノリス、フランク『オクトパス――カリフォルニア物語』八尋昇訳、彩流社、一九八三年。

ハーツ、ルイス『アメリカ自由主義の伝統』有賀貞訳、講談社（講談社学術文庫）、一九九四年。

ハート、リデル『覆面を剥いだ名将たち――統率の原理と実際――』森沢亀鶴訳、原書房、一九七二年。

ブアスティン、ダニエル・J『現代アメリカ社会――コミュニティの経験――』橋本富郎訳、世界思想社、一九九〇年。

フォーナー、エリック『アメリカ自由の物語（上）――植民地時代から現代まで――』横山良・竹田有・常松洋・肥後本芳男訳、岩波書店、二〇〇八年。

プラトン『饗宴』久保勉訳、岩波書店（岩波文庫）、二〇一二年。

プラトン『パイドン――魂の不死について』岩田靖夫訳、岩波書店（岩波文庫）、二〇一六年。

ホフスタター、リチャード『アメリカの社会進化思想』後藤昭次訳、研究社、一九七三年。

マルサス、トマス・ロバート『人口論』斎藤悦則訳、光文社（光文社古典新訳文庫）、二〇一一年。

ミラー、エドワード『オレンジ計画――アメリカの対日侵攻50年戦略』沢田博訳、新潮社、一九九四年。

ミル、J・S『アメリカの民主主義』山下重一訳、未来社、一九六二年。

レーニン『帝国主義――資本主義の最高の段階としての』宇高基輔訳、岩波書店（岩波文庫）、一九五六年。

ランシマン、S『コンスタンティノープル陥落す』護雅夫訳、みすず書房、一九九八年。

ルゴフ、ジャック『中世の知識人』柏木英彦・三上朝造訳、岩波書店（岩波新書）、一九七七年。

欧文文献

Boorstin, Daniel J., *The Discoverers*, Tokyo: Kinseido, 2011.
Fromm, Erich, *Escape From Freedom*, Tokyo: Kinseido, 2010.
Hughes, Mark, *The New Civil War Handbook: Facts and Photos for Readers of All Ages*, NY: Savas Beatie, 2009.
McDonough, James Lee, *William Tecumseh Sherman: In the Service of My Country: A Life*, NY: W. W. Norton & Company, Inc., 2016.
Showalter, Dennis E., *Railroads and Rifles: Soldiers, Technology, and the Unification of Germany*, Archon Books, 1975.

〈ラ　行〉

事項索引

人名索引

《著者紹介》

布 施 将 夫（ふせ　まさお）

1971年　大阪市生まれ

2008年　京都大学大学院人間・環境学研究科博士後期課程単位取得認定退学

2009年　京都大学博士（人間・環境学）

現　在　京都外国語大学外国語学部・京都外国語短期大学キャリア英語科准教授

主要業績

『アメリカ史のフロンティアⅡ　現代アメリカの政治文化と世界——20世紀初頭から現代まで』（共著，昭和堂，2010年）

『アメリカは戦争をこう記憶する』（共訳，松籟社，2013年）

『補給戦と合衆国』（松籟社，2014年）

『海洋国家アメリカの文学的想像力——海軍言説とアンテベラムの作家たち』（共著，開文社出版，2018年）

『近代世界における広義の軍事史——米欧日の教育・交流・政治』（晃洋書房，2020年）

欧米の歴史・文化・思想

2021年9月20日　初版第1刷発行　　＊定価はカバーに表示してあります

著　者　布　施　将　夫©

発行者　萩　原　淳　平

印刷者　田　中　雅　博

発行所　株式会社　晃　洋　書　房

〒615-0026　京都市右京区西院北矢掛町7番地

電話　075(312)0788番㈹

振替口座　01040-6-32280

装丁　野田和浩　　印刷・製本　創栄図書印刷㈱

ISBN978-4-7710-3495-2